Verhandlungen, Mitteilungen
und
Berichte
des
Centralverbandes Deutscher Industrieller.

№ 124.

Herausgegeben
von
Dr. jur. Schweighoffer,
Generalsekretär des Centralverbandes Deutscher Industrieller,
Berlin W 9, Linkstr. 25 (Fuggerhaus).

Telephon: Amt Lützow, Nr. 2527.

Dezember 1911.

Berlin 1911.
J. Guttentag, Verlagsbuchhandlung,
G. m. b. H.

Inhaltsverzeichnis.

Centralverband Deutscher Industrieller.

Sitzung des Ausschusses
am 6. November 1911 zu Berlin im „Hotel Adlon".

Der Vorsitzende, Landrat a. D. Rötger, eröffnet die Sitzung um 5½ Uhr nachmittags. Zum ersten Punkt der Tagesordnung „Geschäftliche Angelegenheiten" gab bezüglich der Aufstellung des Etats für 1912 der Geschäftsführer Regierungsrat Dr. Schweighoffer eine kurze Darlegung. Ohne Diskussion erklärte die Versammlung sich mit dem Entwurf einverstanden. Sodann wurden, ebenfalls ohne Diskussion, auf Vorschlag des Direktoriums folgende Herren in den Ausschuß zugewählt: Regierungsrat a. D. Rhazen, Generaldirektor der Gasmotorenfabrik Deutz-Köln, Dr. Guggenheimer, Direktor der Vereinigten Augsburg-Nürnberger Maschinenfabriken in Augsburg, Dr. Naumann in der Firma Seydel & Naumann in Dresden, Kommerzienrat Hösch, Papierfabrikbesitzer in Königstein in Sachsen, Dr. Zahnbrecher, Syndikus des Verbandes Bayerischer Metallindustrieller in Nürnberg und Direktor Haasemann von der Jutespinnerei und -Weberei in Bremen. Weiter fand eine Abänderung des § 16 der Satzungen der Hauptstelle Deutscher Arbeitgeberverbände Genehmigung, wonach deren Geschäftsführung von der Geschäftsführung des Centralverbandes Deutscher Industrieller mehr gelöst und selbständiger gemacht wird.

Zum zweiten Punkt der Tagesordnung betreffend Vorberatung der Tagesordnung für die Versammlung der Delegierten, wies der Vorsitzende darauf hin, daß der Bericht des Geschäftsführers in der Regel nicht im Ausschuß, sondern nur in der Delegiertenversammlung vorgetragen worden ist. So dürfte auch heute vorzugehen sein, falls nicht anderweitige Wünsche laut werden. Nach Lage der Sache würde der Geschäftsführer auch die Dinge berühren, die sich zwischen Geheimrat Rießer und Landrat Rötger und zwischen dem Hansabunde und einer Reihe von bedeutenden Industriellen, die Mitglieder des Centralverbandes sind, abgespielt haben. In dieser Beziehung glaubt der Vorsitzende am zweckmäßigsten gleich selbst dem Ausschuß darlegen zu sollen, was die Veranlassung zu seinem Ausscheiden aus dem Hansabund gegeben hat. Ein Widerspruch gegen diese Art des Vorgehens erhebt sich nicht; darauf macht Landrat Rötger folgende Ausführungen:

Ich habe seinerzeit, als ich das erste Mal nach der Gründung des Hansabundes den Vorzug hatte, den Ausschuß zu einer Sitzung zusammenzuberufen, den Herren eine eingehende Darlegung über die Gründe gegeben, die das Direktorium veranlaßt haben, dem Hansabund gegenüber eine freundliche Haltung einzunehmen. Ich habe in dem Zusammenhange eingehenden Bericht erstattet über das, was im Direktorium zu dieser Frage erörtert und überlegt worden war, und habe mit der Bemerkung geschlossen, ich vertraute darauf, daß die Schwierigkeiten, auf die ich hinweisen mußte, überwunden werden würden infolge des Zusammenarbeitens von Männern, die auf Grund eingehender Aussprachen einander Vertrauen entgegenbringen konnten. Ich betonte von mir aus, daß ich der Ansicht war, daß, wenn die Dinge so weitergingen, wir den Herren, die mit mir zusammen zur Leitung des Hansabundes berufen wären, das Vertrauen entgegenbringen könnten, das dazu gehört, um in diesen schwierigen Fragen gemeinsam zu arbeiten. Auf die Einzelheiten brauche ich jetzt nicht einzugehen.

Ich habe damals natürlich alles dies nicht aus Sentiments heraus gesagt, die sich bei mir gebildet hatten auf Grund von Ueberlegungen, beiläufigen Unterhaltungen und ähnlichem, sondern der Bedeutung der ganzen Sache entsprechend stützte ich mich auf positive Grundlagen. Ich denke dabei insbesondere an Korrespondenzen, die ich mit dem Herrn Geheimrat Rießer geführt habe und die in dieser Beziehung mir alle Veranlassung dazu gaben, weitgehendes Vertrauen zu hegen.

Ich habe damals auch auf die große Bedeutung hingewiesen, die dem Zusammenschluß von Industrie, Handel und Gewerbe zukäme, wobei ich keinen Zweifel darüber ließ, daß in dem Direktorium selbst gewisse erhebliche Bedenken hervorgetreten waren gegen die Gründung eines Personenbundes im Gegensatze zu dem Zusammenschluß der Vereinigungen, welche der großen Versammlung im Zirkus Schumann ihre Bedeutung gaben.

Wir haben dann eine sehr lebhafte Arbeit entfaltet, zunächst organisatorischer Art. Wir haben in der ersten Zeit harmonisch zusammen gearbeitet, bis zu Anfang des Jahres 1910 die preußische Wahlrechtsvorlage die erste Trübung herbeiführte. Es wurde damals eine Sitzung des Direktoriums des Hansabundes einberufen, die natürlich so verlief, wie ich es vorausgesagt hatte. Es war nicht möglich, daß sich die Herren in der Sitzung auf die Sache einigten. Die politischen Gegensätze, die in dem Hansabunde zusammengeschlossen waren, traten sofort hervor. Es traten auch selbstverständlich im Zusammenhange mit den politischen Gegensätzen die Bedenken hervor, die gegen eine derartige politische Tätigkeit des Hansabundes geltend zu machen waren, und alle, die es gut mit dem Hansabunde meinten, waren froh, daß die Sache in einer anständigen Weise begraben wurde.

Darauf war eine zeitlang Ruhe; es kam eine für Herrn Geheimrat Rießer und mich außerordentlich angenehme Zeit. Wir waren nämlich beide in Rom, wohnten zufällig dicht beieinander an der Piazza del Popolo und sahen und sprachen uns häufig. Ich habe damals Herrn Rießer, als wir beide uns auf den Heimweg machten, gesagt: Ich bin am 14. Mai morgens, Sonnabend vor Pfingsten, wieder in Berlin, wenn Sie mit mir irgend etwas vor Pfingsten noch zu besprechen haben, so lassen Sie mich bitte rufen. Ich habe ihm das gesagt, nachdem er mir mitgeteilt hatte, daß er am 12. Mai wieder in Berlin sein würde.

Was geschah? Während des Pfingstfestes las ich ein Pronunciamiento des Hansabundes zum preußischen Wahlrecht von Herrn Rießer, erlassen unmittelbar nach seinem Eintreffen in Berlin. Als ich dann mit ihm über diese Erklärung sprach, wollte er es schon so machen wie nachher auf dem diesjährigen Hansatage; er wollte die Verantwortung auf sich nehmen, was ich natürlich als unzulässig erklärte. Er erzählte mir, daß aus Rheinland und Westfalen bereits ein Protest vorliege; weshalb, so äußerte sich Herr Rießer zu diesem, kommen die Leute nicht zu mir, dann hätte ich ihnen die Sache erklärt!

Ich hielt es damals für meine Pflicht, im Interesse des Hansabundes mitzuhelfen, daß diese Differenz beseitigt würde, beteiligte mich an einer Neuredaktion jener Erklärung, die tunlichst beiden Teilen gerecht wurde, trotzdem Herr Rießer nach dem von mir vorher geschilderten Ausgang der Direktoriumssitzung kein Recht hatte, von Hansabund wegen zur Sache Stellung zu nehmen, und gab in Essen gute Worte, die wesentlich, wenigstens nach dem mir von Herrn

Knobloch erstatteten Bericht die rheinisch-westfälischen Opponenten zum Eingehen auf den Kompromißvorschlag veranlaßt haben dürften.

Die weiteren Dinge will ich jetzt übergehen; Schwierigkeiten, die sich herausstellten bei der Behandlung der Sozialdemokratenfrage, die angeregt war durch die Privatkorrespondenz Herrn Rießers mit Herrn von Pechmann — eine Korrespondenz, die meiner Ansicht nach sehr unpraktisch war. Es wäre viel richtiger gewesen, Herr Rießer hätte sich mit Herrn von Pechmann über die Dinge unterhalten.

Ich habe dann im Herbst, um gewisse Unstimmigkeiten, die sich aus diesem und anderem ergeben hatten, zu beseitigen, eine Unterhaltung herbeigeführt zwischen hervorragenden Mitgliedern des Hansabundes und Herrn Geheimrat Rießer, und diese Unterhaltung hat das Ergebnis gehabt, daß ein Kompromiß zustande kam, welches nachher neben anderem den Ausgang gebildet hat zu der Korrespondenz zwischen Herrn Rießer und mir, die zu meinem Ausscheiden führte.

Es folgten im Laufe des nächsten Jahres Erörterungen wenig erquicklicher Art, die innerhalb des Präsidiums blieben. Es kamen da verschiedene Kritiken, welche von Mitgliedern des Hansabundes, die zum Centralverband gehören oder ihm nahestehen, am Hansabunde geübt waren, in dem Präsidium zur Sprache. Es ist nicht jedermanns Sache, Kritik ruhig hinzunehmen. So waren diese Unterhaltungen häufig recht unerfreulich und die Stimmung war oft mehr wie gereizt.

Dann kamen die Vorbereitungen zum diesjährigen Hansatag. Es war beschlossen worden, von den Reden, die auf dem Hansatage gehalten werden sollten, müsse das Präsidium vorher Kenntnis bekommen. Selbstverständlich hat niemand verlangt, daß nun diese Reden im einzelnen jedem der Mitglieder des Präsidiums zugestellt wurden. Der geschäftsführende Präsident hatte die Verpflichtung, seinerseits zunächst die Dinge zu prüfen, hatte aber außerdem die Verpflichtung, diese Sachen, sofern sie nicht so waren, daß sie von uns allen gebilligt werden konnten, den sämtlichen Mitgliedern in einer Präsidialsitzung zur Kenntnis zu bringen. Das versteht sich ganz von selbst, das braucht nicht ausdrücklich verlangt zu werden. Im übrigen war man ja einigermaßen sicher, daß von den Herren, die zum Worte verstattet wurden, in dieser Beziehung vorsichtig verfahren würde, und ich muß sagen, daß im ganzen und großen in den Reden, die da auf dem Hansatage gehalten worden sind, nichts gesagt worden ist, was ernstlichen Anstoß hätte erregen können, mit Ausnahme eben der Reden von Herrn Geheimrat Rießer. Bis dahin war es stets

Sitte unter den Mitgliedern des Präsidiums gewesen, daß wir uns nicht wechselseitig in bezug auf das, was wir sagen wollten, kontrollierten. Wenn aber Herr Geheimrat Rießer die Absicht hatte, eine ausdrücklich als Privatmeinung von sich bezeichnete Meinungsäußerung programmatischer Natur in diesen seinen Reden zum Ausdruck zu bringen, so hätte er zum mindesten von deren Inhalt den Mitgliedern des Präsidiums vorher Kenntnis geben müssen, denn es ist meines Erachtens einfach eine Unmöglichkeit, daß in einer solchen Versammlung Aeußerungen des leitenden Präsidenten derselben, des leitenden Präsidenten des Hansabundes insbesondere, überhaupt von der Oeffentlichkeit als private Aeußerungen angesehen werden. Schon daß er jene Ausführungen in diese Form der Privatäußerung kleidete, beweist zudem, daß ihm ein Verständnis für das in seinen Darlegungen liegende Wagnis nicht abging.

Ich habe anfangs, nachdem diese genugsam bekannten Bemerkungen des Herrn Geheimrat Rießer gefallen waren, gar nicht daran gedacht, daß diese Sache zum Anlaß meines Ausscheidens aus dem Hansabunde werden könnte, sondern ich habe mir zunächst gesagt: hier muß noch einmal der Versuch gemacht werden, die Sache in Ordnung zu bringen; bei der grundsätzlichen Bedeutung des Vorgangs glaubte ich aber mündlichen Erörterungen den Weg der Korrespondenz vorziehen zu sollen. Ich eröffnete diese Korrespondenz mit der Frage nach dem von Herrn Rießer nur stückweise wiedergegebenen Präsidialbeschuß wegen der Stichwahlparole und mit Bedenken gegen seine politischen Schlußausführungen. Die Sache mit dem Präsidialbeschluß erledigte sich ganz glatt und einfach dadurch, daß ich ihn ersuchte, in Zukunft von einem Herausgreifen einzelner Sätze aus diesem Präsidialbeschluß abzusehen, also den Präsidialbeschluß nur im ganzen zum Vortrag zu bringen, wie er es in der ersten Zeit, nachdem der Beschluß gefaßt worden war, auch regelmäßig getan hatte. Die anderen Dinge wären zunächst sicherlich noch weiteren Erörterungen zwischen uns beiden vorbehalten geblieben, wenn nicht mein Protest gegen diese Art des Vorgehens, Privatäußerungen von der Tragweite im Hansabunde von seiten des Präsidenten vorzubringen, mit der Versendung eines Flugblattes im Sinne jener Privatäußerungen beantwortet worden wäre. Ich habe das Flugblatt erst kennen gelernt, nachdem es bereits durch die Zeitungen bekanntgegeben war.

Nun, meine Herren, nach dieser Brüskierung, werden Sie mir zugeben, ist es an und für sich schon für niemand, der auf sich hält, mehr möglich, an einer solchen Stelle zu verbleiben, wie es die exponierte Stelle eines Präsidenten des Hansabundes ist.

Das ist zunächst die kurze Darlegung der Dinge, wie sie sich entwickelt haben.

Nun erhebt sich die Frage: Ist es richtig, daß deshalb der Vorsitzende des Centralverbandes, der dem Hansabunde als Person nicht nur angehörte, sondern in dem Hansabunde führend mitarbeiten sollte, aus demselben ausschied? Ich habe diese Frage mit ja beantworten müssen aus folgenden Gründen. Es handelte sich, wie Sie aus meinen Darlegungen ersehen haben werden, um ein schrittweises Vorgehen von einer Etape zur anderen in Richtung der Führung des Hansabundes auf eine ganz bestimmte Parteilinie. Sie haben aus dem, was ich Ihnen gesagt habe, gesehen, daß ich mir die größte Mühe gegeben habe, um die Dinge immer wieder zurechtzuziehen, weil ich natürlich der Sache selbst die Bedeutung beimaß, die ihr zukommt, und weil ich gar keine Veranlassung hatte, in Angelegenheiten, die eine solche Tragweite besitzen, wie sie die geschlossene Zusammenarbeit von Handel, Gewerbe und Industrie gerade in der heutigen Zeit mit sich bringt, störend einzugreifen. Ich habe aus der Art und Weise, wie man vorging, entnehmen müssen, daß die Absicht bestand, bei gegebener Zeit den Vorsitzenden des Centralverbandes hinauszudrängen. Ich hätte mich dem gern noch weiterhin widersetzt. Aber nachdem die Dinge sich soweit entwickelt hatten, daß der Präsident des Hansabundes es für richtig hielt, in einer großen Versammlung des Hansabundes Rechtsnationalliberale als Eunuchen zu bezeichnen, die Sammlung nach links, den scharfen Kampf gegen rechts, wenn auch nicht mit diesem Ausdruck, so doch in der Sache zu proklamieren, war der Hansabund parteipolitisch geworden, war er auf eine einseitige Parteipolitik hingedrängt, auf eine schiefe Ebene geschoben, von der ein Zurück nach meiner Auffassung nicht mehr möglich war. Der Vorsitzende des Centralverbandes war damit vor die Frage gestellt, ob er diesen nach den Erklärungen Rießers nicht mehr reparierbaren Ruck nach links mitmachen sollte, ob er vielleicht mit Rücksicht auf die bevorstehenden Wahlen ein Auge zudrücken und erst später die Verantwortlichkeit für die Mitarbeit ablehnen sollte, oder ob er besser täte, in seinem Interesse und in dem Interesse der hinter ihm Stehenden offen Farbe zu bekennen, und da habe ich allerdings mir sagen müssen, daß es unmöglich ist für Männer, die an der Führung des Centralverbandes mitzuwirken haben, die Verantwortung mit zu übernehmen für die Leitung eines Verbandes, der, für wirtschaftliche Zwecke ins Leben gerufen, sich in eine einseitig politische Richtung drängen läßt. Die Verantwortung dafür konnte ich als Vorsitzender des Centralverbandes Deutscher Industrieller nicht tragen. Wir haben die wirtschaftlichen Dinge im Auge zu behalten, wir haben dafür zu sorgen, daß unsere soziale Politik nicht in Bahnen gelenkt wird, die verhängnisvoll sind für unsere Industrie, noch verhängnisvoller als sie es heute schon sind, und das können wir nicht, wenn wir sans phrase die Politik des Hansabundes mitmachen, die am 12. Juni dieses Jahres proklamiert und seitdem befolgt worden ist. Das ist der innere Grund und der zwingende Grund für meinen Austritt und der zwingende Grund für den Austritt der übrigen Herren gewesen.

Man hat behauptet, daß es unklug gewesen ist, in diesem Augenblicke auszuscheiden, daß es richtiger gewesen wäre, noch weiter dabei zu bleiben, daß man direkt die Interessen der Industrie dadurch geschädigt, daß man den Aufmarsch der Kräfte durch dieses Verhalten gestört hätte. Meine Herren, das ist nicht der Fall. Der Aufmarsch der Kräfte ist durch unser, mein und meiner Freunde Ausscheiden aus dem Hansabunde in keiner Weise gestört worden; die Dinge lagen damals schon so verwirrt, daß die vorhandene Verwirrung in nennenswerter Weise nicht gesteigert werden konnte, am wenigsten durch unsern Austritt, der im Gegenteil Klarheit brachte.

Die Hauptsache bleibt, daß wir die Verantwortung für diese parteipolitische Einschwenkung des Hansabundes und für die damit verbundene einseitige Einflußnahme auf die bevorstehenden Reichstagswahlen ablehnen mußten.

Man hat mir, meine Herren, Unehrlichkeit vorgeworfen, man hat gesagt — und das ist bedauerlicherweise von einem von mir hochgeschätzten Manne ausgesprochen worden —: der Mann hat es ja zum Bruch treiben wollen. Nun, meine Herren, demgegenüber hat Herr Direktor Meesmann in sehr treffender Weise in Mainz bei einer Versammlung des Mittelrheinischen Fabrikantenvereins auf die einleitenden Worte hingewiesen, die ich bei der Gründung des Hansabundes gesprochen habe, und ich möchte dem hinzufügen, daß die ganze Arbeit, die ich wirklich unter schweren Opfern im Hansabunde getan habe, immer getragen gewesen ist von der Hoffnung, daß die Verhältnisse schließlich doch sich so gestalten könnten, daß unsere Mitarbeit nützlich war.

Man hat versucht auch neuerdings immer wieder und wieder die Aufmerksamkeit der industriellen Kreise speziell auf mich hinzulenken als einen Friedensstörer. Man hat Phrasen geprägt, die jetzt durch alle möglichen Fachzeitschriften gehen, man hat davon geredet, Herr Rießer sei der aufgeklärte Vertreter des freien Bürgertums, Rötger der Herrenmensch mit rückständigen Neigungen. Nun, meine

Herren, es ist sehr bequem, mit solchen Schlagworten zu arbeiten: Aber weshalb sagt man das? Man sagt das nicht, um die Leute in den handarbeitenden Kreisen auf mich zu hetzen, sondern man sagt das, um Industriellen, welche dem Direktorium und dem Ausschuß des Centralverbandes nicht nahe genug stehen, um die einzelnen Mitglieder des Direktoriums und mich näher zu kennen — um denen weiszumachen, daß sie sich von einer ganz reaktionären Gesellschaft leiten lassen. Man sagt es, um immer wieder von neuem Streit zu suchen.

Einen sehr charakteristischen Fall muß ich Ihnen mitteilen. Am vergangenen Sonntag, gestern vor acht Tagen, hat Herr Dr. Stresemann in Frankfurt a. M. einen Bund Mitteldeutscher Fabrikanten — so, glaube ich, nennt er sich — oder Mitteldeutscher Industrieller begründet. In dieser Versammlung sagte er — meine Herren, nach dem Bericht der Frankfurter Zeitung, weiter weiß ich natürlich nichts —: Der Landrat Rötger ist so weit gegangen, bei dem Herrenstandpunkt, den er vertritt, daß er vom Hansabunde für den Centralverband die Hälfte der Stimmen im Direktorium verlangt hat, nnd Herr Geheimrat Rießer hat ihm das abgelehnt. Warum wird das gesagt? Das erklärt sich aus den folgenden Worten: Meine Herren, ich glaube, daß auch im Centralverbande Herren sind, die diesen Standpunkt nicht teilen werden. Sie sehen da ja ganz deutlich, worauf die Sache abzielt. Es wird immer wieder von neuem darauf hingewiesen, daß die Leitung des Centralverbandes in Händen liegt, die angeblich scharf nach rechts zerren — so wollen wir es einmal ausdrücken — die nur den Herrenstandpunkt vertreten. Und sehr charakteristisch ist eine andere Aeußerung. (Geheimrat König-Berlin: Das ist eben falsch, was da gesagt worden ist!) Ich komme darauf noch zurück. Nachdem in einem Fachblatte dem Centralverbande gründlich die Leviten gelesen worden, heißt es dann: Wir wollen aber beileibe dem Centralverbande nicht ans Leder, wir wollen dem Centralverbande nur immer zu Gemüte führen, daß es jetzt die allerhöchste Zeit ist, daß er sich auf sich selbst besinnt. Es liegt System in diesem Vorgehen der Leitung des Bundes der Industriellen.

Nun, meine Herren, komme ich auf die Bemerkung von Herrn Dr. Stresemann zurück, weil ich es für notwendig halte, Ihnen die Tatsachen vorzuführen, aus denen Sie dann beurteilen werden, ob das, was er sagte, objektiv wahr ist oder unwahr.

Die Sache beruht zweifellos auf einer Information von seiten des Hansabundes, aber auf einer falschen. Die Geschichte hat sich folgendermaßen abgespielt: Wir, Herr Geheimrat Rießer und ich, haben beschlossen, jene Abwehrversammlung vom 12. Juni 1909 einzuberufen. Herr Geheimrat Rießer hatte mich zu dem Zwecke besucht. Ich war über das, was er wollte, gar nicht orientiert. Ich habe mich aber sofort bereit erklärt, die Verantwortung dem Direktorium des Centralverbandes gegenüber zu übernehmen. Nachdem diese Besprechung stattgefunden, reiste ich wieder fort. Ich war ja damals noch nicht in Berlin ansässig, sondern wohnte noch in Essen. Ich kam am 11., einen Tag vor der Zirkusversammlung nach Berlin, um dort noch zuvor eine Sitzung unserer Interessengemeinschaft abzuhalten und tags darauf eine Sitzung des Direktoriums des Centralverbandes. Ich hatte außerdem zum 11. noch eine Einladung bekommen zu einer Vorbesprechung über diese Demonstrationsversammlung im Zirkus Schumann —, und da erfahre ich hier in Berlin durch Herrn Geheimen Kommerzienrat Goldberger und Herrn Geheimen Kommerzienrat Ravené, daß die Absicht besteht, einen Personenverein zu gründen.

Wir unterhielten uns in der Sitzung der Interessengemeinschaft: der chemische Verein, die Zentralstelle für Vorbereitung von Handelsverträgen und wir, über alle die Fragen, die damit zusammenhingen. Ich wurde als Vorsitzender der Interessengemeinschaft gebeten, in den Geschäftsräumen des Herrn Geheimrat Rießer unsere Gründe darzulegen, die gegen die Personenvereinigung sprachen. Das habe ich getan. Natürlich bin ich damit nicht durchgekommen. Ich habe darauf Geheimrat Rießer keinen Zweifel darüber gelassen, daß sich auch das Direktorium des Centralverbandes an dem Personenverein stoßen würde, und das hatte zur Folge, daß er am nächsten Morgen mit Herrn Geheimrat Müller, unserem Ausschußmitgliede, um 9 Uhr mich aufsuchte. Und in dieser Besprechung, meine Herren — ich habe das aus den Protokollen des Direktoriums des Centralverbandes festgestellt, Protokollen, die von der Geschäftsführung geführt werden, und auf die ich in bezug auf materielle Aenderungen niemals einen Einfluß nehme —, in dieser Besprechung hat Herr Geheimrat Rießer laut diesem Protokoll mir gesagt: Tun Sie mir den Gefallen und sorgen Sie dafür, daß das Direktorium des Centralverbandes keine Schwierigkeiten macht. Ich bin bereit, dem Centralverbande alle und jede Konzessionen zu machen, die Sie haben wollen. Hätte ich in dem Moment gesagt, ich wünschte die Majorität im Direktorium und ich wünschte die Majorität im Ausschuß, dann hätte ich sie vielleicht zugesagt erhalten. Gerade das Gegenteil von dem, was Herr Stresemann nach der Frankfurter Zeitung gesagt hat, ist wahr: Rießer hat mir nichts abgeschlagen, sondern er hat mir das Angebot gemacht: Ich solle haben, was ich haben will. Nun, darauf habe ich ihm gesagt — ich bin auf die Sache gar nicht eingegangen —: Ich halte es für notwendig — das steht auch in dem Protokoll —, daß aus den Organen des neuen Bundes jedenfalls alle Parlamentarier ferngehalten werden, denn wir konnten uns in Direktoriums- und Ausschußverhandlungen nicht von vornherein unter parlamentarische Einflüsse stellen. Nach dieser Unterhaltung mit Herrn Rießer hat sich dann unser Direktorium mit meiner Teilnahme an der Leitung der Zirkusversammlung einverstanden erklärt.

Etwa acht Tage später fand eine Sitzung des Direktoriums des Centralverbandes statt, in der ich den Statutenentwurf für den Hansabund vorgelegt habe. Gleich darauf, nachdem dieser dort erörtert war, ist er in der Interessengemeinschaft beraten worden. In dem Satzungsentwurf war ein zwölfgliedriges Direktorium vorgesehen. Da hat man in unserem Direktorium laut Protokoll gesagt: die Industrie muß für sich bei der Bedeutung, die sie in diesem ganzen Zusammenhange hat, die Hälfte der Stimmen in Anspruch nehmen, und von dieser Hälfte der Stimmen verlangt die Interessengemeinschaft für sich fünf Stimmen — also nicht sechs, sondern fünf —, wovon eine die Zentralstelle für Vorbereitung von Handelsverträgen, eine der Verein zur Wahrung der Interessen der chemischen Industrie Deutschlands und drei der Centralverband Deutscher Industrieller haben sollte, und mit dieser Direktive, die dann von seiten der Interessengemeinschaft gutgeheißen wurde, bin ich mit Herrn Goldberger, mit Herrn Ravené und anderen in die Hansabundsitzung gefahren. Dort habe ich in längeren Ausführungen zu begründen gesucht, daß die Industrie, wenn es sich um Majoritätsbeschlüsse handelte, jedenfalls so ausreichend vertreten sein müsse, daß sie nicht majorisiert werden könnte; zu dem Zweck verlangten wir, die Interessengemeinschaft, daß im Direktorium mindestens die Hälfte der Mitglieder der Industrie angehöre, wovon die Interessengemeinschaft $^5/_6$ für sich in Anspruch nehme.

Die von Herrn Dr. Stresemann ausgesprochene Behauptung, ich hätte für den Centralverband die Hälfte der Sitze im Direktorium des Hansabundes verlangt und Geheimrat Rießer hätte das abgelehnt, ist hiernach in allen ihren Teilen unzutreffend. Wahr ist, daß Geheimrat Rießer dem Centralverband jede gewünschte Konzession zu machen bereit war und daß ich für die Industrie überhaupt die Hälfte der Sitze verlangt habe, für den Centralverband nur den vierten Teil der Sitze.

Im Ausschuß hat allerdings die Interessengemeinschaft für sich 51 pCt. verlangt, aber nicht der Centralverband, sondern die Interessengemeinschaft.

Was ist nun daraus geworden? Ich habe bei den Akten einen Brief, von Herrn Geheimrat Rießer vom 5. Juli 1909, also drei Wochen nach der Hansabundgründung geschrieben, in dem er mir klipp und klar sagte: „Auch was die Aktionen in Zukunft betrifft, muß ich wiederholen, daß ich davon ausgehe, daß Aktionen nach außen überhaupt nicht vorgenommen werden sollen, wenn nicht eine Einstimmigkeit besteht, denn das Vorgehen auf Grund bloßer Mehrheitsbeschlüsse würde meiner Ansicht nach vermieden werden müssen.“ Damit war für die Interessengemeinschaft und den Centralverband Deutscher Industrieller das Interesse an der Frage der Zusammensetzung von Direktorium und Ausschuß des Hansabundes erschöpft; denn wir glaubten diesen Zusagen trauen zu dürfen. Tatsächlich hat ja weder Direktorium noch Ausschuß etwas zu sagen: das Schwergewicht liegt, wie sich die Dinge entwickelt haben, bei dem Präsidium. Und hätte Herr Rießer auch nur für dessen Geschäftsgebahrung sich an jene Zusage gehalten, dann, meine Herren, wären wir heute alle noch im Hansabunde, und dann hätte der Hansabund heute das Ansehen, das wir ihm alle gewünscht haben.

In der Diskussion stellt Dr. Beumer-Düsseldorf zunächst fest, daß der Centralverband Deutscher Industrieller als solcher — was verschiedentlich verschwiegen oder falsch dargestellt worden sei — niemals Mitglied des Hansabundes war, und daß er auch weiterhin die Zweigvereine, die ihm angehören, niemals dahin beeinflußt hat, aus dem Hansabunde auszutreten. Der Centralverband ist also viel toleranter in dieser Beziehung gewesen, als die Anhänger des Hansabundes, die an vielen Stellen die Anregung gaben, man solle aus dem Centralverband Deutscher Industrieller hinausgehen. Redner weist dann mit kräftigen Worten die gegen den Centralverband vielfach erhobenen Angriffe zurück, er habe in einseitiger Weise die Interessen der schweren Industrie vertreten und sich um die verarbeitende Industrie, um die Industrie der Fertigerzeugnisse zu wenig gekümmert. Dr. Beumer beruft sich dabei u. a. aus seinen eigenen Erfahrungen als Reichstagsabgeordneter auf die Vorkommnisse in der Zolltarifkommission bei der Beratung des Zolltarifs von 1902; er stellt auf Grund dieser und anderer Tatsachen fest, daß der Centralverband dauernd bemüht war, bestehende Gegensätze auszugleichen, z. B. zwischen Baumwollspinnern und -Webern. Wo eine Fertigindustrie bei Zolltarif und Handelsverträgen vom Centralverband in ihrem Interesse etwa nicht vertreten worden sei, da habe das vielleicht daran gelegen, daß sich die Herren nicht genügend an den Arbeiten des Centralverbandes beteiligt haben. Redner kommt weiter auf die Auseinandersetzung mit dem Hansabund und die heutigen Ausführungen des Vorsitzenden zu sprechen. Er habe Landrat Rötger schon auf der Geschäftsführerkonferenz zu Hannover gesagt, daß er Rötgers Austritt aus dem Hansabund lebhaft bedauern müsse angesichts der großen Aufgaben, welche die bevorstehenden Wahlen mit sich brächten. Dr. Beumer habe aber auch schon damals in Hannover ausgeführt, daß er ebenso wie andere Herren davon überzeugt worden seien, daß ein längeres Verbleiben des Herrn Landrat Rötger im Hansabund nicht mehr möglich gewesen sei. Redner verliest und empfiehlt den vom Direktorium angeregten Beschlußantrag, der sich durch große Ruhe und objektive Darstellung auszeichne. Dr. Beumer schließt unter lebhaftem Beifall mit dem Wunsch, daß die Delegiertenversammlung nicht neue Gegensätze hervorrufen, sondern dazu dienen werde, die deutsche Industrie einig auf dem Schlachtfelde zu finden, das am 12. Januar kommenden Jahres sich öffnen wird.

Direktor Meesmann-Mainz bemerkt, daß der Mittelrheinische Fabrikantenverein die Stellungnahme des Landrat Rötger als eine persönliche betrachtet, spricht ihm aber den Dank dafür aus, daß er in dieser eingehenden Weise den Sachverhalt geschildert hat. „Wir sind überzeugt, daß Herr Landrat Rötger aus rein sachlichen Erwägungen aus dem Hansabund ausgetreten ist in der Ueberzeugung, daß die Richtlinien, die er mit den anderen Herren zusammen aufgestellt hatte, nicht mehr eingehalten würden. Wir können unsererseits diese Konsequenzen, die Herr Landrat Rötger aus den Vorgängen gezogen hat, nicht ziehen, halten es aber für das Recht jedes einzelnen Mitgliedes des Centralverbandes Deutscher Industrieller, sich zu dem Hansabunde zu stellen, wie es will. Wir sind nicht der Meinung, daß die Stellung zum Hansabunde irgendwie zum Angelpunkt auch einer Stellungnahme zu dem Centralverband Deutscher Industrieller zu machen ist.“

Der Vorsitzende erklärt in Bestätigung des Hinweises des Herrn Dr. Beumer: Das Direktorium des Centralverbandes habe sich wohl gehütet, auch nur dem Schein sich auszusetzen, als ob es gesonnen wäre, die Mitglieder des Centralverbandes zum Austritt aus dem Hansabund zu veranlassen, im Gegensatz zu dem Verhalten des Hansabundes und besonders des Bundes der Industriellen, welch letzterer nichts eiligeres zu tun hatte, als ein Rundschreiben an die Mitglieder des Centralverbandes Deutscher Industrieller zu richten und in allen

Teilen des Deutschen Reichs für den Austritt der Industriellen aus dem Centralverband zu agitieren; ein Vorgehen, für welches dem Redner ein parlamentarischer Ausdruck fehle.

Generalsekretär Dr. Tille-Saarbrücken führt aus, daß die industriellen Vereine an der Saar mit am frühesten für einen berufsständischen großen politischen Bund des Gewerbe- und Handelsstandes eingetreten seien und sich mit dem Ausbau des Gedankens viel Mühe gegeben haben. Als der Hansabund kam, seien sie ihm beigetreten, aber bald tauchten ihnen ernste Bedenken auf. Als z. B. die große Frage der Reichsversicherungsordnung aktuell wurde, welche die Industrie schwer belasten mußte, habe der Hansabund nichts zur Aufklärung oder Abwehr getan. Ebenso habe er betreffs des Arbeitskammergesetzes, der Heimarbeit usw., ja auch betreffs des Zollschutzes und der Frage der Autorität der Unternehmer im Betriebe sich ausgeschwiegen. Redner bemängelt weiter das Verhalten der Hansabundesleitung gegenüber der Landwirtschaft, dem preußischen Wahlrecht, der Diskontierung von Buchforderungen usw., die Uebertreibung der angeblich schädlichen Wirkungen der Reichsfinanzreform und die sonstige Agitation. Nach alledem haben die Saarvereine den Entschluß des Herrn Landrat Rötger, aus dem Präsidium des Hansabunds auszuscheiden, freudig begrüßt und seien gleichfalls ausgetreten.

Nachdem hierauf Direktor Meesmann noch einmal den Standpunkt des Mittelrheinischen Fabrikantenvereins gewahrt und Kommerzienrat Wenzel-Leipzig zu der Frage der bisherigen Vertretung der Fertigindustrie im Centralverband Stellung genommen hatte, wurde der vorgelegte Beschlußantrag mit geringen redaktionellen Aenderungen in nachstehender Fassung einstimmig angenommen:

„Der Centralverband Deutscher Industrieller spricht sein Bedauern darüber aus, daß der durch sachliche Erwägungen veranlaßte Austritt einer Reihe von Industriellen aus dem Hansabunde eine gewisse Beunruhigung in einzelnen Kreisen der deutschen Industrie zur Folge gehabt hat und diese Beunruhigung durch unrichtige Darstellung der Gründe des Austritts noch verschärft worden ist.

Der Centralverband, welcher, wie seine Geschichte beweist, von jeher bestrebt war, dem einigen Zusammengehen sämtlicher Zweige der Industrie zu dienen, ist der Ueberzeugung, daß die aus Anlaß dieser Vorgänge gegenwärtig von einzelnen Seiten betriebene scharfe Betonung von Interessengegensätzen das Gesamtinteresse der Industrie auf das empfindlichste schädigen und schwere wirtschaftliche Nachteile zur Folge haben muß. Im Hinblick auf den in der letzten Zeit, namentlich auf dem Gebiete der Gesetzgebung immer mehr hervortretenden Mangel an Rücksichtnahme auf die industriellen Bedürfnisse erachtet der Centralverband ein Zusammengehen aller Zweige der Industrie in den sie gemeinsam berührenden Fragen für unerläßlich und richtet an die gesamte deutsche Industrie die dringende Bitte, die auf die Erreichung dieses Zieles gerichtete Tätigkeit des Centralverbandes mit allen Kräften zu unterstützen."

Der Vorsitzende stellt sodann den vom Direktorium vorgeschlagenen Beschlußantrag bezüglich des Schutzes der Arbeitswilligen zur Erörterung. Dieser bezieht sich, da der wesentliche Inhalt allgemein gebilligt und von verschiedenen Seiten eine erneute Kundgebung als sehr angebracht begrüßt wird, nur auf mehr formale Einzelheiten. Der Beschlußantrag findet in nachstehender Fassung einstimmige Annahme:

„Angesichts der immer drohender werdenden Gestaltung der Arbeitskämpfe und des immer rücksichtsloseren Machtgebrauchs der Streikgewerkschaften erachtet der Centralverband Deutscher Industrieller es für unbedingt erforderlich, daß die verbündeten Regierungen tunlichst bald und energisch dafür Sorge tragen, durch gesetzliche Maßnahmen die Freiheit der Arbeit wirkungsvoller, als es bisher geschehen ist, zu schützen und damit die der Sozialdemokratie und ihren Gewerkschaften noch nicht verfallenen Arbeiter vor dem Terrorismus dieser Partei und ihrer Organisationen zu bewahren. Der Erlaß derartiger gesetzlicher Maßnahmen liegt im eigensten Interesse der Arbeiterschaft wie im Interesse der staatlichen Ordnung. Die schrankenlose Weiterentwickelung des sich ständig verschärfenden Klassenkampfes wird der Industrie die Aufgabe, der nationalen Wohlfahrt zu dienen, immer mehr erschweren, wenn nicht eines Tages ganz unmöglich machen."

Bezüglich des weiteren Punktes der Tagesordnung, den Entwurf eines Versicherungsgesetzes für Angestellte betreffend, wird darauf verzichtet, im Ausschuß den der Delegiertenversammlung zu erstattenden Bericht des Herrn Professor Moldenhauer ganz oder teilweise zu hören. Der Beschlußantrag, welcher den Gedankengang des Referats wiedergibt, gelangt Absatz für Absatz zur Verlesung und Diskussion. Er lautet vollständig:

Der Centralverband Deutscher Industrieller hat niemals einen Zweifel darüber gelassen, daß er der Frage einer erweiterten Zwangsfürsorge für die Privatangestellten sympathisch gegenübersteht, und daß die Industrie bereit ist, für diesen Zweck Opfer zu bringen. Er ist aber nach wie vor der Ansicht, daß eingehende Untersuchungen darüber anzustellen sind, ob diese sachlich überaus wichtige Frage nicht auf anderem Wege, etwa auf dem Wege des Anschlusses an die Invalidenversicherung, einer befriedigenden Lösung entgegengeführt werden kann.

In dieser Auffassung wird der Centralverband nunmehr besonders durch die Ergebnisse der von zahlreichen angesehenen wirtschaftlichen Verbänden gebildeten Arbeitszentrale für die Privatbeamtenversicherung bestärkt. Die Arbeiten dieser Zentrale zeigen, daß alle gegen den Ausbau von der Regierung vorgebrachten Einwendungen nicht stichhaltig sind, daß aber andererseits die Reichsregierung die Kosten der Sonderversicherung um mindestens 100 Millionen Mark unterschätzt hat. Unter diesen Umständen hätte man erwarten dürfen, daß Reichsregierung und Reichstag in eine ernsthafte Prüfung der Frage des Ausbaus der Arbeiterversicherung eingetreten wären. Das ist aber leider nicht geschehen. Vielmehr ist man fast ohne Debatte über die von der überwiegenden Mehrheit der deutschen Industrie und vom Deutschen Handelstag geäußerten Bedenken hinweggegangen, um noch vor Toresschluß ein Gesetz, so fehlerhaft es auch sein mag, zustande zu bringen. Gegen eine derartige gesetzgeberische Arbeit und eine derartige rücksichtslose Behandlung der Interessen von Handel und Industrie erhebt der Centralverband den schärfsten Widerspruch.

Sollten aber die Reichsregierung und der Reichstag trotz aller Mahnungen auf der Verabschiedung des Gesetzes bestehen, so muß der Centralverband mindestens fordern, daß die im Entwurf vorgesehenen Bestimmungen über die Ersatzkassen und die Versicherungsverträge mit Lebensversicherungsunternehmungen nicht verschlechtert, sondern im Gegenteil verbessert werden, und zwar durch folgende Bestimmungen:

1. Auch künftig zu errichtende Werkkassen können als Ersatzkassen zugelassen werden, wenn sie den im Gesetz aufgeführten Voraussetzungen entsprechen.

2. Werkkassen gelten als genügend sicher, wenn sie vom Kaiserlichen Aufsichtsamt für Privatversicherung zugelassen sind oder dieses ihre Grundlage für einwandfrei erklärt hat.

3. Die Freizügigkeit wird dadurch gewährleistet, daß bei Uebertritt eines Angestellten von einer Werkkasse zur Staatsanstalt und umgekehrt die Prämienreserve überwiesen wird, so daß der Angestellte stets nur bei einer Kasse versichert ist. Nach der jetzt im Entwurf vorgesehenen Regelung wird den Werkkassen nicht nur eine große Verwaltungsarbeit aufgebürdet, sondern es wird ihnen auch das Recht der Entscheidung, ob ein Versicherungsfall vorliegt, in den meisten Fällen genommen, ja es wird ihnen noch nicht einmal die Möglichkeit gewährt, die Entscheidungen der Rentenausschüsse anzufechten.

4. Arbeitgeber, welche beim Inkrafttreten des Gesetzes Zuschüsse zu den Lebensversicherungsprämien ihrer Angestellten mindestens in Höhe der gesetzlichen Arbeitgeberbeiträge zahlen und ihren Angestellten auf die Versicherungssumme einen Rechtsanspruch eingeräumt haben, werden für die Dauer des Bestehens dieser Fürsorgeeinrichtung von der gesetzlichen Beitragspflicht sowohl hinsichtlich der bisher versicherten als auch hinsichtlich der zukünftig zur Versicherung gelangenden Angestellten gemäß § 381 des Gesetzentwurfes befreit, vorausgesetzt, daß die in Betracht kommenden Versicherungsgesellschaften sich verpflichten, für die gesundheitlich nicht einwandfreien Risiken die Versicherungen zu den Normal-Versicherungs-Bedingungen und Prämien mit längstens der gesetzlichen Wartezeit abzuschließen.

Bei Aufstellung dieser Forderungen hat sich der Centralverband von der Ueberzeugung leiten lassen, daß das Weiterbestehen und die Weiterentwickelung von von den einzelnen Betrieben geschaffenen Versicherungseinrichtungen im besonderen Interesse der Angestellten liegt, der Gesetzgeber aber alle Maßregeln privater Fürsorge fordern muß und sie nicht, wie der Entwurf es will, nach Möglichkeit hemmen darf.

Die eingehende Erörterung läßt in ihrem Resultat alles Wesentliche des Antrags unangetastet, bringt aber verschiedene redaktionelle Aenderungen und sachliche Ergänzungen. Namentlich wünscht Kommerzienrat Dr. Kauffmann namens der Handelskammer Schweidnitz, daß auch andere Pensionseinrichtungen, die nicht unter den Begriff Ersatzkassen fallen, eine Vorzugsstellung im Gesetz erhalten möchten. Die Reichstagskommission habe ja schon dahingehende Beschlüsse gefaßt. In Schlesien komme es aber sehr häufig vor, daß, ohne daß eine Kasse oder auch nur eine Stiftung besteht, einfach Verträge mit Pensionsberechtigung geschlossen werden, namentlich bei den großen Bergwerksgesellschaften, an deren Leistungsfähigkeit und Sicherheit nicht zu zweifeln sei. Es sei nun der Wunsch geäußert worden, daß diese nach den gleichen Grundsätzen und in gleichem Umfange wie die Staatsbeamten pensionsberechtigten Beamten erstklassiger privater Verwaltungen von der Versicherungspflicht des neuen Gesetzes befreit bleiben möchten. Justizrat Wandel-Essen hält es für ausgeschlossen, daß ein solcher rein persönlicher Anspruch gegen die Arbeitgeber als Ersatz für eine allgemeine Zwangsversicherung angesehen werden könne. Deshalb sei es aussichtslos, einen solchen Zusatz in das Gesetz hineinzubringen. Die Herren Dr. Tille und Professor Moldenhauer teilen diese Bedenken, worauf Kommerzienrat Dr. Kauffmann seinen Antrag zurückzieht, aber ein von Professor Moldenhauer vorgeschlagenes Amendement befürwortet, welches lautet: „Wohlfahrtseinrichtungen der Arbeitgeber, die dieselben Zwecke wie Ersatzkassen verfolgen, sind diesen gleichzustellen." Dieser Zusatz wird genehmigt. Wir verweisen betreffs der schließlich vom Ausschuß angenommenen wörtlichen Fassung des Antrags auf Seite 106.

Zum letzten Punkt der Tagesordnung, Patentamt und Industrie betreffend, gab Herr Ingenieur Frölich, Geschäftsführer des Vereins Deutscher Maschinenbauanstalten einen kurzen Ueberblick über den beabsichtigten Bericht. Nach eingehender Erörterung beschloß der Ausschuß in Uebereinstimmung mit dem Referenten, die Angelegenheit an den Patentausschuß zu verweisen.

Schluß 8½ Uhr.

Versammlung

der

Delegierten des Centralverbandes Deutscher Industrieller

zu Berlin im „Hotel Adlon“
am 7. November 1911, vormittags 10 Uhr.

Vorsitzender Landrat a. D. **Rötger**-Berlin: Meine Herren! Ich eröffne die Delegiertenversammlung des Centralverbandes und heiße, wie immer, auch heute die Herren Delegierten namens des Direktoriums herzlich willkommen. Ich begrüße auch mit besonderer Freude die Herren Vertreter der Regierung, die Herren aus dem Parlament, welche unserer Einladung Folge geleistet haben, und die Herren aus den uns befreundeten, dem Centralverband nicht direkt angeschlossenen Vereinigungen, insbesondere die Herren aus der Interessengemeinschaft, die wir mit der Centralstelle zur Vorbereitung von Handelsverträgen und dem Verein zur Wahrung der Interessen der chemischen Industrie Deutschlands gebildet haben. Ich begrüße auch die Herren von der Presse, die heute hier unter uns sind, und wünsche den heutigen Beratungen den besten Erfolg.

Bevor wir in die Erledigung unserer Tagesordnung eintreten, ist es unsere Pflicht, eines Dahingeschiedenen zu gedenken, der zu den besten Männern des Centralverbandes gehört hat. Am 18. August d. J. ist nach langem, schweren, mit großer Energie getragenem Leiden der frühere Vorsitzende, der Herr Hüttenbesitzer Richard von Vopelius, aus diesem Leben geschieden. Mit ihm ist ein Mann dahingegangen von den ausgezeichnetsten Eigenschaften des Geistes und des Herzens, ein Mann selbstbewußt, hochgesinnt, von vortrefflichen Charaktereigenschaften, ein Mann, der für die Bedürfnisse aller Berufsstände in unserem Vaterlande das vollste Verständnis besaß, ein Realpolitiker im Sinne des Fürsten Bismarck, eine Persönlichkeit, die durch diese Eigenschaften so recht berufen war, nicht nur im engeren Kreise seiner Heimat, sondern darüber hinaus der Industrie Führer zu sein. In diesem Sinne, meine Herren, wird sein Andenken unter uns fortleben. Sein Name aber wird mit ehernem Griffel eingeschrieben sein in die Tafeln der Geschichte des Centralverbandes. Ich bitte Sie, meine Herren, zu Ehren des Dahingeschiedenen sich von Ihren Plätzen zu erheben. (Geschieht.) Ich danke Ihnen.

Dann, meine Herren, habe ich Ihnen mitzuteilen, daß in der gestrigen Ausschußsitzung nach dem Vortrage des Herrn Diplomingenieur Frölich über den Punkt 4 der Tagesordnung und einer eingehenden Diskussion im Ausschuß über diesen Gegenstand im Einverständnis mit dem Herrn Referenten der Beschluß gefaßt worden ist, dieses Referat heute der Delegiertenversammlung noch nicht zu erstatten, es vielmehr zurückzustellen zu einer Beratung in dem von Ihnen eingesetzten Patentausschuß. Es ist ja sonst die Tagesordnung noch so belastet, daß es vielleicht auch aus diesem Grunde ganz gut ist, wenn dieser Vortrag einer späteren Sitzung vorbehalten bleibt.

Des weiteren habe ich Ihnen mitzuteilen, meine Herren, daß in der gestrigen Sitzung des Direktoriums des Centralverbandes der Herr Geheime Baurat Schrey, Vorsitzender des Verbandes Ostdeutscher Industrieller, zugleich durch seine Tätigkeit in der Industrie als Direktor der Wagenbauanstalt in Danzig und seine leitende Stellung in der Wagenbau-Vereinigung Mitglied des Centralverbandes Deutscher Industrieller, die Frage gestellt hat, ob er nach dem Ausscheiden des Verbandes Ostdeutscher Industrieller, der leider nur sehr kurze Zeit dem Centralverbande angehört hat, noch im Direktorium des Centralverbandes bleiben sollte. Wir haben die Angelegenheit im Direktorium erörtert, und die anwesenden Mitglieder des Direktoriums haben den Herrn Geheimrat Schrey gebeten, von einem Austritt aus dem Direktorium des Centralverbandes abzusehen (Bravo!), namentlich aus dem Grunde, weil wir in dem Herrn Geheimrat Schrey einen Herrn in unser Direktorium bekommen haben, auf dessen Verbleiben im Direktorium wir den allergrößten Wert legen müssen, gerade in Rücksicht auf den vorgeschobenen Posten des Werkes, das in erster Linie seine Arbeitskraft in Anspruch nimmt, der Danziger Wagenbauanstalt. Es ist ja richtig, daß Herr Geheimrat Schrey von uns, vom Direktorium, seinerzeit in der Frühjahrssitzung der Delegiertenversammlung zur Zuwahl in das Direktorium empfohlen wurde wegen seiner Führerschaft im Verbande Ostdeutscher Industrieller. Aber wenn dort die Dinge sich auch in einer Richtung entwickelt haben, die wir damals noch nicht voraussehen konnten, so muß dies doch zurücktreten vor den Tatsachen daß Herr Geheimrat Schrey in der Zwischenzeit sich in der Arbeit als Mitglied des Direktoriums außerordentlich rege betätigt hat, und daß er als Leiter der genannten Fabrik in Danzig auch weiterhin zum Centralverbande gehört. Das hat uns veranlaßt, an ihn die dringende Bitte richten zu sollen, in unserem Kollegium zu bleiben, eine Bitte, der er auch Rechnung getragen hat, allerdings mit dem ausdrücklichen Wunsche, daß hiervon der Delegiertenversammlung Mitteilung gemacht werde. (Bravo!)

Ihr Bravo beweist Herrn Geheimrat Schrey, daß das Direktorium in dieser Beziehung im Sinne der Auffassung der Delegierten gehandelt hat.

Wir treten nun in die Erledigung unserer Tagesordnung ein:

1. Abänderung des § 16 der Satzungen der „Hauptstelle Deutscher Arbeitgeberverbände".

Meine Herren! Die Hauptstelle Deutscher Arbeitgeberverbände, die vor sieben Jahren gegründet worden ist, wurde, wie Sie wissen, dem Centralverbande Deutscher Industrieller eng angegliedert. Nicht nur ist der jeweilige Vorsitzende des Centralverbandes Deutscher Industrieller auch satzungsmäßig gleichzeitig der geborene Vorsitzende der Hauptstelle Deutscher Arbeitgeberverbände — die Delegiertenversammlung des Centralverbandes hat auch das Recht, eine Reihe von Mitgliedern in das Direktorium und in den Ausschuß der Hauptstelle zu delegieren, und die nahen Beziehungen zwischen Hauptstelle und Centralverband wurden bei der Gründung satzungsgemäß so fest gefügt, daß auch die laufende Verwaltung in der Hand des gleichen Geschäftsführers lag und auch heute noch liegt. Die Verantwortung für die laufende Geschäftsführung der Hauptstelle trägt der Geschäftsführer des Centralverbandes Deutscher Industrieller.

Inzwischen sind, wie ich schon eingangs sagte, sieben Jahre verlaufen. In diesen sieben Jahren hat die Hauptstelle sich erfreulich weiter entwickelt, sie hat tatsächlich eine gewisse Selbständigkeit auch dem Centralverbande gegenüber naturgemäß erhalten, insofern, als die Aufsichtsführung durch den Herrn Geschäftsführer des Centralverbandes über die Tätigkeit des Herrn Geschäftsführers der Hauptstelle naturgemäß allmählich loser geworden ist, und heutzutage stehen die Dinge so, daß in Rücksicht auf den großen Geschäftsumfang sowohl bei der Hauptstelle wie auch bei dem Centralverband es gar nicht mehr möglich ist, daß dem Geschäftsführer des Centralverbandes zugemutet wird, die Verantwortung, wie sie die Satzung vorsieht, persönlich weiter zu tragen. Es muß also in dieser Beziehung eine Aenderung vorgenommen werden.

Diese satzungsgemäße Aenderung kann nach den Statuten der Hauptstelle nur mit Zustimmung der Delegiertenversammlung des Centralverbandes vorgenommen werden, und deswegen bringe ich die Sache hier vor. Es handelt sich darum, den § 16, der die organische Verbindung in der Geschäftsführung der Hauptstelle vorschreibt, entsprechend zu ändern und dementsprechend dann auch einen anderen Paragraphen, der über die Mitwirkung der Delegiertenversammlung des Centralverbandes an Aenderungen der Satzungen die notwendigen Bestimmungen enthält, zu modifizieren. Ich werde die Bestimmungen, wie sie nun heißen sollen, den Herren verlesen und dann die Sache zur Diskussion stellen.

„Die Geschäfte der Hauptstelle werden von einem besoldeten Geschäftsführer — Syndikus — geführt. Er wird von dem Vorstande der Hauptstelle, die Hilfsarbeiter werden nach Bewilligung des Vorstandes von dem Syndikus angestellt.

Der Syndikus ist nach Maßgabe der vom Vorstande aufgestellten Geschäftsordnung zur Vertretung der Hauptstelle nach außen befugt.

Der Geschäftsführer des Centralverbandes Deutscher Industrieller ist berechtigt, an allen Sitzungen und Versammlungen der Organe der Hauptstelle mit beratender Stimme teilzunehmen."

Die Mitwirkung der Delegierten des Centralverbandes bei Satzungsänderungen ist im § 26 zum Ausdruck gebracht. Zur Vollständigkeit möchte ich noch mitteilen, daß in der Zwischenzeit eine Geschäftsordnung für den Syndikus der Hauptstelle ausgearbeitet und von mir genehmigt worden ist, in der ausdrücklich ausgesprochen worden ist, daß dem Herrn Geschäftsführer des Centralverbandes von allen wichtigen Vorgängen in der Hauptstelle Mitteilung gemacht werden soll.

Ich eröffne die Diskussion. — Es meldet sich niemand zum Wort. Ich schließe die Diskussion und darf annehmen, daß die Herren mit dieser Abänderung einverstanden sind.

Wir kommen nun zu Punkt 2 der Tagesordnung:

Bericht des Geschäftsführers.

Ich erteile Herrn Regierungsrat Schweighoffer das Wort.

Geschäftsführer Regierungsrat a. D. Dr. jur. **Schweighoffer**-Berlin:

Meine sehr geehrten Herren! Der letzte Geschäftsbericht ist den Herren Delegierten in der wohl noch allen Teilnehmern erinnerlichen großen Versammlung am 9. Dezember vorigen Jahres von meinem hochverehrten Amtsvorgänger, Herrn Generalsekretär Bueck, erstattet worden. Auf der nächstfolgenden Delegiertenversammlung, am 28. April d. J., wurde von der Erstattung eines allgemeinen Berichts Abstand genommen, da diese Tagung lediglich der Behandlung bedeutungsvoller Gesetzesvorlagen gewidmet war. In der Zwischenzeit seit dieser Frühjahrsversammlung haben sich nunmehr, wie Ihnen allen bekannt ist, Ereignisse abgespielt, die den Centralverband während der Sommermonate in den Brennpunkt der publizistischen Erörterungen gestellt und Anlaß zu den heftigsten Angriffen gegen ihn gegeben haben. Der Verlauf dieser Ereignisse, die man in der Oeffentlichkeit als einen Konflikt zwischen dem Centralverband und dem Hansabunde zu bezeichnen sich gewöhnt hat, hat es mit sich gebracht, daß auf die Zurückweisung der gegnerischen Angriffe und damit auch auf eine nicht immer sehr fruchtbare Polemik von seiten der Geschäftsführung des Centralverbandes viel Zeit und Kraft hat verwandt werden müssen. Diese Betätigung hat sich bei der Art und Weise, in welcher der Kampf gegen den Centralverband aufgenommen wurde, leider nicht vermeiden lassen; daß aber ihr gegenüber die eigentlichen Aufgaben des Centralverbandes, der seit seinem Bestehen bestrebt gewesen ist, seine Mitglieder nur durch die von ihm geleistete positive Arbeit an sich zu fesseln, nicht in den Hintergrund getreten sind, dafür hoffe ich, Ihnen, meine Herren, aus den nachfolgenden Ausführungen den Beweis erbringen zu können.

Wenn ich in diesen Darlegungen mich an erster Stelle den Vorgängen im Hansabund zuwende, so kann es natürlich nicht in meiner Absicht liegen, nach alle dem, was über diese Ereignisse in der letzten Zeit in der Presse veröffentlicht worden ist, hier noch einmal auf den Streit und seine Ursachen in allen ihren Einzelheiten einzugehen. Ich kann mich nur auf die Erörterung einiger grundsätzlicher Fragen beschränken und diejenigen Momente hervorheben, die im Verlaufe des Konflikts die Hauptkontroverse zwischen den Beteiligten gebildet haben.

Meine Herren! Als am 12. Juni 1909 von einer großen Anzahl der Industrie, dem Handel und dem Gewerbe angehöriger Männer der Hansabund gegründet wurde zu dem Zwecke, mit vereinter Macht die in diesem Bunde zusammengeschlossenen Kräfte des deutschen Wirtschaftslebens gegen Schädigungen durch die Gesetzgebung zu verteidigen und die gemeinsamen Interessen durch gemeinsames Handeln zu fördern, da hat der Centralverband Deutscher Industrieller durch seine Mitwirkung bei der Organisation und der Aufbringung der Mittel diesen Bestrebungen die tatkräftigste Unterstützung angedeihen lassen. Die Gründungsversammlung des Hansabundes wurde vom Direktorium des Centralverbandes mitberufen, sie wurde von seinem Vorsitzenden eröffnet. Aber schon damals war bei den leitenden Personen im Centralverband die Ueberzeugung vorherrschend und sie wurde auch bereits in dem ersten, die Mitglieder des Centralverbandes zum Anschluß an den Hansabund auffordernden Rundschreiben vom 3. Juli 1909 zum Ausdruck gebracht, daß, da im Hansabund große Gruppen vereinigt waren, die hinsichtlich der wichtigsten wirtschafts- und sozialpolitischen Fragen von durchaus verschiedenen, vielfach sogar entgegengesetzten Anschauungen beherrscht wurden, diese mannigfachen Gegensätze sich nur bei äußerst vorsichtiger Leitung des Bundes würden überbrücken lassen. Es unterlag von Anfang an keinem Zweifel, daß sehr starke Teile des neugegründeten Bundes parteipolitisch einer Richtung angehörten, von der die Gesetzgebung des Reichs in wirtschaftlicher, wie namentlich sozialpolitischer Beziehung höchst ungünstig für die Industrie beeinflußt worden ist, und daß daher der Bestand des Hansabundes gefährdet sein würde, sobald die in dieser Richtung sich bewegenden einseitigen Interessen entgegen den satzungsgemäßen Zielen in den Vordergrund der Betätigung des Bundes treten würden. Um dieser Gefahr zu begegnen, mußte es als Pflicht und Aufgabe der Leitung des Hansabundes angesehen werden, alle trennenden Momente nach Möglichkeit aus der Tätigkeit des Bundes auszuschalten und seine Wirksamkeit auf die Behandlung derjenigen großen Fragen zu beschränken, die alle Teile des Bundes gleichmäßig berührten. Nur unter der Voraussetzung der Erfüllung dieser Aufgaben, die allein eine Gewähr dafür bot, daß der neue Bund sich zu einem kraftvollen Faktor in unserem öffentlichen Leben auswuchs, hat sich im Jahre 1909 auf Anregung des Direktoriums des Centralverbandes der Anschluß zahlreicher, dem Centralverband angehörender Industrieller an den Hansabund vollzogen und nur auf dieser Grundlage des Zusammenschlusses der im Hansabund vereinigten Interessentengruppen zur Förderung der g e m e i n s a m e n Interessen war eine Mitarbeit des Centralverbandes mit dem Hansabund von Anfang an gedacht und möglich.

Meine Herren! Diese — um mich eines Hansabund-Ausdruckes zu bedienen — „Richtlinien" sind in der Sitzung Ihres Ausschusses am 15. Oktober 1909, in welcher über die Stellungnahme des Centralverbandes zum Hansabund Beschluß gefaßt wurde, ausdrücklich als für den Centralverband verbindlich anerkannt worden und es wurde damals gleichzeitig betont, daß die Bildung des neuen Bundes und der Beitritt der Mitglieder des Centralverbandes zu ihm niemals dazu Anlaß geben könnten, auch nur um eines Haares Breite von den Grundsätzen abzuweichen, die der Centralverband bisher mit voller Zustimmung seiner Mitglieder in Vertretung der Interessen der deutschen Industrie in wirtschafts- und sozialpolitischer Hinsicht verfolgt hat. (Bravo!)

Zu diesen Grundsätzen, an denen der Centralverband in nunmehr 35 jähriger Tätigkeit konsequent festgehalten hat, gehört in erster Linie das unbedingte Eintreten für die Politik des Schutzes der nationalen Arbeit, für die Wirtschaftspolitik des Fürsten Bismarck, die sich für unsere gesamte deutsche Gewerbetätigkeit in allen ihren Erwerbszweigen als so überaus segensreich erwiesen hat, und die uns lediglich und allein die Durchführung unserer großen nationalen und kulturellen Aufgaben bisher ermöglicht hat. (Beifall.)

Es gehört sodann aber dazu, in zweiter Linie die nachdrücklichste Bekämpfung der Sozialdemokratie (Beifall), dieser gefährlichsten Feindin einer jeden gesunden Weiterentwickelung unserer nationalen Wirtschaft (sehr wahr!) und hier mußte allerdings der grundsätzliche Gegensatz zwischen der Auffassung der leitenden Persönlichkeiten im Centralverband und denjenigen im Hansabund zutage treten, als der Präsident des Hansabundes auf dem ersten deutschen Hansatage die Frage der Mauserungs- und Bündnisfähigkeit der Sozialdemokraten anschnitt.

Meine Herren! Die auf diesem ersten Hansatage aufgestellte Forderung des Präsidenten des Hansabundes, „daß die jetzt abseits stehenden sozialdemokratischen Kreise zur Mitarbeit im Staatswesen, insbesondere auch in den Parlamenten und in der Selbstverwaltung heranzuziehen seien", ist doch seit einem Menschenalter und länger als erfüllt zu erachten, allerdings nicht mit dem Erfolge, den der Leiter des Hansabundes sich hiervon verspricht. In allen den Fällen, in denen, sei es auf gesetzgeberischem oder anderem Gebiete, den Sozialdemokraten bisher Gelegenheit zur Mitarbeit gegeben worden ist, ist diese Gelegenheit von ihnen lediglich dazu benutzt worden, um Ordnung und Disziplin systematisch zu untergraben (Zustimmung), um das Feld ihrer Agitationstätigkeit zu vergrößern und Schule für ihre revolutionären Ideen zu machen. (Lebhafte Zustimmung.)

Ein jeder Parteitag der Sozialdemokraten liefert doch den bündigsten Beweis dafür, daß das Endziel dieser Partei die Beseitigung der Monarchie, des bestehenden Staatsverbandes und die Enteignung der bürgerlichen Gesellschaft ist, und der Gedanke einer Mauserung ist von den Führern der Sozialdemokraten bisher stets mit Entschiedenheit zurückgewiesen worden. (Sehr richtig!) Es ist daher eigentlich wenig verständlich, wenn im praktischen Leben stehende Männer glauben können, durch besonderes Entgegenkommen die Sozialdemokratie umzustimmen oder gar zu der Annahme gelangen, daß diese Partei mit ihrer ganzen Vergangenheit jemals brechen und sich zu einer Ordnungspartei umformen könnte. (Sehr richtig!)

Meine Herren! Einer solchen Gedankenrichtung wird der Centralverband Deutscher Industrieller, wenn er sich nicht selbst verleugnen will, niemals folgen können (sehr richtig!), und ich glaube, auch ein großer Teil seiner Mitglieder wird seine Mitwirkung bei denjenigen Bestrebungen versagen, die darauf gerichtet sind, unter Mithilfe der Sozialdemokraten den als übermächtig empfundenen agrarischen Einfluß in Gesetzgebung und Verwaltung zu brechen. Das Eintreten für derartige Bestrebungen würde unter den gegebenen heutigen Verhältnissen doch nur entweder den Erfolg haben können, daß schließlich ein weiterer größerer Teil des Bürgertums bei der Wahl zwischen dem sogenannten „Ueberagrariertum“ und den Sozialdemokraten es vorzieht, sich lieber der Herrschaft des ersteren als derjenigen der Sozialdemokraten zu unterwerfen, oder den Erfolg — und diese Möglichkeit wäre wohl die wahrscheinlichere —, daß wir in Deutschland zur Stimmzettelherrschaft der sozialistisch-demagogischen Gedankenrichtung kommen. (Sehr richtig!) Mit der Entwickelung in dieser letzteren Richtung wird man aber heutzutage nicht mehr vorübergehend oder nur aus taktischen Gründen spielen können: man muß sie entweder durchführen oder bekämpfen; etwas anderes gibt es nicht. (Zustimmung.)

Bei den allgemeinen Reichstagswahlen im Jahre 1903 hatte die Sozialdemokratie mit einem Gewinn von zwei Dutzend Mandaten es auf die Zahl von 81 unter 397 Reichstagssitzen gebracht, von denen sie drei im Laufe der Legislaturperiode bei den Nachwahlen wieder verlor. Die allgemeinen Wahlen nach der Reichstagsauflösung im Winter 1906/1907 verminderte die Zahl der sozialdemokratischen Mandate bis auf 43. Seither hat diese Partei, nach ihrem kürzlich erfolgten Sieg in Düsseldorf, nicht weniger als zehn Sitze erobert, soviel wie noch niemals eine Partei bei Nachwahlen innerhalb einer Legislaturperiode zu gewinnen vermochte. Diese Erfahrungen aus den Reichstagsnachwahlen sollten allmählich doch auch die gleichgültigsten Elemente der bürgerlichen Gesellschaft aufrütteln und sollten diejenigen von der Irrigkeit ihrer Auffassung überzeugen, die der Ansicht sind, daß der Ausfall der demnächstigen Reichstagswahlen für unsere derzeitige Wirtschaftspolitik nicht von ausschlaggebender Bedeutung sei, da „die Schutzzollfrage erst in vier bis fünf Jahren akut werden würde".

Meine Herren! Die Kämpfe um die Aufrechterhaltung unserer Wirtschaftspolitik werden, wie der nationalliberale Landtagsabgeordnete Herr Syndikus Hirsch kürzlich auf einer Versammlung in Essen mit vollem Recht betont hat, bei den nächsten Reichstagswahlen angefochten werden: es wird von dem Ausfall dieser Wahlen, von der Zusammensetzung des nächsten Reichstages abhängen, ob auf wirtschaftlichem Gebiete in Deutschland ein Systemwechsel vollzogen werden soll oder nicht. Wohin aber in dieser Hinsicht die Bestrebungen einer dem Hansabund besonders nahestehenden Partei, der Fortschrittlichen Volkspartei, abzielen, das hat am 23. Oktober bei Gelegenheit der Teuerungsdebatte im Reichstage der Sprecher dieser Partei, der Herr Abgeordnete Oeser, mit hinreichender Deutlichkeit gesagt, als er den allmählichen „Abbau", eine schrittweise Herabsetzung der Zölle und damit also eine Beseitigung unserer jetzigen Schutzzollpolitik forderte.

Meine Herren! Man wird den Hansabund für diese Kundgebungen seiner Freunde nicht gut verantwortlich machen können, und ich kann es auch übergehen, hier auf die in der gleichen Richtung sich bewegenden Aeußerungen der eigenen Vertreter des Hansabundes, der Herren Dr. Neumann und Hüttemann, in Dortmund und Mülhausen einzugehen, da die freihändlerischen Reden dieser beiden Herren, die offenbar recht unbequem empfunden wurden, von seiten des Herrn Präsidenten des Hansabundes alsbald desavouiert worden sind. Es ist aber leider immer offensichtlicher, daß von vielen Anhängern des Hansabundes die Bestrebungen unterstützt werden, die aus parteipolitischen Gründen auf eine Verschärfung der Gegensätze zwischen der Landwirtschaft einerseits und Handel, Gewerbe und Industrie andererseits gerichtet sind (sehr richtig!), und die wirtschaftliche Bedürfnisse mit parteipolitischen Forderungen zu identifizieren suchen. Diese Bestrebungen haben ihren schärfsten Ausdruck in wiederholten Auslassungen des „Berliner Tageblatts“ und der „Nationalzeitung“ gefunden, von denen die letztere offen verkündete, daß „der Hansabund — das könne nicht oft genug betont werden —, keine andere Lebensaufgabe und keine andere Existenzberechtigung habe, als den schärfsten Kampf nach rechts“.

Man wird auch derartige Kundgebungen in Blättern, deren nahe Beziehungen zum Hansabund zwar allgemein bekannt sind, diesem nicht zur Last legen; man wird aber doch mit Bedauern konstatieren müssen, daß sie lediglich dazu dienen, die verschiedenen Erwerbsstände in der wechselseitigen Achtung ihrer Lebensinteressen immer weiter voneinander zu entfernen (sehr richtig!) und das Verständnis für die Notwendigkeit des Zusammengehens unserer beiden großen Erwerbsgruppen, der Landwirtschaft und der Industrie, an deren Gedeihen aber auch der Handel als Verteiler der von diesen produktiven Ständen geschaffenen Werte das größte Interesse hat, immer mehr zu erschweren.

Meine Herren! Der Centralverband weiß ebensogut wie der Hansabund, daß mit Rücksicht auf die von bestimmten Organen der Landwirtschaft aufgestellten extremen und unberechtigten Forderungen die Industrie mehr denn je genötigt ist, ihren Lebensinteressen nachdrücklichst Geltung zu verschaffen. Er ist sich aber auf der anderen Seite in gleicher Weise bewußt, daß die stärksten Wurzeln unserer Industrie in einem aufnahmefähigen Inlandsmarkte liegen (Bravo!), und daß es nur im ureigensten Interesse der Industrie selbst liegt, wenn der Inlandsmarkt möglichste Sicherung erfährt. Aus diesem Grunde ist der Centralverband von jeher bestrebt gewesen, mit der Landwirtschaft auf dem Boden einer von wechselseitiger Gleichberechtigung getragenen Wirtschaftspolitik zusammenzustehen und er hat in diesem Zusammenhalten der Landwirtschaft und der Industrie zum Schutze der nationalen Arbeit stets sein wirtschafts- und handelspolitisches Ziel gesehen.

Dieses Bekenntnis hat neuerdings wieder den Anlaß gegeben, dem Centralverband den Vorwurf zu machen, er habe einen Pakt mit den Agrariern geschlossen, er gehe Arm in Arm mit dem Bunde der Landwirte und stelle hierbei die eigenen Interessen über die Interessen der Gesamtheit.

Wer so etwas behauptet, der sollte doch eigentlich die Beweise dafür zur Hand haben und auch bereit sein, diese Beweise vorzuführen. Daran haben aber diejenigen, die diese schweren Beschuldigungen erhoben haben, und zu diesen gehört leider auch wieder der Bund der Industriellen, gar nicht gedacht. Es genügt ihnen, mit derartigen Mitteln Mißtrauen gegen die Pläne des verhaßten Centralverbandes zu stiften.

Meine Herren! Schon auf der Delegiertenversammlung am 9. Dezember v. J. machte Herr Generalsekretär Bueck die Mitteilung, daß in maßgebenden industriellen Kreisen ernstlich die Frage erwogen worden sei, ob nicht die Vertretung der Landwirtschaft, die konservative Partei, anzugehen sei, bei den Vorbereitungen zum neuen, im Jahre 1917 festzustellenden Zolltarif, in eine Herabsetzung der Lebensmittelzölle zu willigen. Herr Bueck wies des weiteren darauf hin, daß die Forderungen der Führer des Bundes der Landwirte in bezug auf Zollschutz, soweit sie als übertrieben zu erachten sind, vom Centralverband stets mit größter Entschiedenheit zurückgewiesen worden wären und ein Festhalten an etwaigen extremen Forderungen nur dazu dienen könnte, die Beziehungen zwischen der Industrie und der Landwirtschaft eines Tages zu lockern, wenn nicht sogar zu lösen. Diesen Darlegungen des Herrn Generalsekretär Bueck ist am 22. Juli d. J. durch ein besonderes Rundschreiben die Erklärung des Centralverbandes gefolgt, daß er bei den bevorstehenden Zolltarifverhandlungen für eine weitere Erhöhung der Zölle auf Lebensmittel niemals zu haben sein werde, da eine Ueberspannung der landwirtschaftlichen Zölle mit dem in erster Linie zu berücksichtigenden Gemeinwohle unvereinbar sein würde.

Meine Herren! Wer nach diesen rückhaltlosen Erklärungen noch immer an dem Vorwurf festhält, daß der Centralverband in Wahrnehmung seiner Sonderinteressen mit dem sogenannten „geschworenen Feinde" der Industrie, den „Ueberagrariern", heimliche Verträge abgeschlossen habe, dem ist es nicht mehr um die Wahrung sachlicher Interessen zu tun; dem dienen derartige Unterstellungen nur dazu, den Keim des Unfriedens in der Industrie immer weiter zu säen und zu nähren. (Lebhafte Zustimmung.)

Diesen Zwecken hat gerade in der letzten Zeit auch das Schlagwort von dem Gegensatze zwischen der schweren und der leichten Industrie wieder besonders dienen müssen und man ist unter Betonung dieses Gegensatzes wiederum eifrig bemüht gewesen, der Fertigindustrie die Meinung zu suggerieren, daß der Centralverband von jeher eine einseitige Interessenvertretung der schweren Industrie zum Nachteile der verarbeitenden Industrie gewesen und heute auch noch sei.

In welcher Weise in dieser Hinsicht den Industriellen sogenannte „historische“ Wahrheiten verkündet werden, das kann ich nicht unterlassen, Ihnen an einem besonders markanten Fall zu zeigen. Es ist Ihnen wohl bekannt, meine Herren, daß auf Betreiben des Bundes der Industriellen Anfang Juli d. J. in Frankfurt a. M. einige Industrielle zusammentraten, um als Gegenstück gegen den Mittelrheinischen Fabrikantenverein einen Verband Mitteldeutscher Industrieller zu gründen, eines der bewährten Mittel des Bundes, um die von ihm sonst so oft betonte Einigkeit in der Industrie zu fördern. (Hört, hört!) Auf dieser Gründungsversammlung hielt der Reichstagsabgeordnete, Herr Dr. Stresemann, ein Referat über „Industrie und Gesetzgebung“ und sah sich hierbei nach dem Wortlaut des mir vorliegenden Protokolls veranlaßt, mit Bezug auf den Centralverband die Behauptungen aufzustellen: „seine langjährige Geschichte beweise, daß die verarbeitende Industrie gegenüber der Schwerindustrie Rheinland-Westfalens und des Saargebiets in ihm nicht in genügendem Maße zur Geltung komme; daß er die Interessen der Schwerindustrie einseitig wahrnehme.“

Meine Herren! Wer derartige Behauptungen aufstellt und sich für die Richtigkeit derselben sogar auf die Geschichte des Centralverbandes beruft, der kennt entweder diese Geschichte nicht oder er will sie nicht kennen. (Sehr richtig!) Nur die flüchtigste Bekanntschaft mit dem Werke des Herrn Generalsekretär Bueck über die Tätigkeitsgebiete des Centralverbandes sollte einen jeden, der sich ein einigermaßen objektives Urteil in wirtschaftspolitischen Fragen bewahrt hat, doch wohl überzeugen, daß der Centralverband seit seinem Bestehen für die Interessen der Fertigindustrie zum mindesten in der gleichen Weise wie für diejenigen der Schwerindustrie, eingetreten ist (sehr richtig!), und daß vor allem die großen Arbeiten des Centralverbandes auf den Gebieten der Handels- und Zollpolitik der verarbeitenden Industrie in weit höherem Maße zugute gekommen sind, als den Industrien der Rohstoffe und Halbfabrikate. (Zustimmung.)

Wenn ich mir gestatten darf, in dieser Hinsicht nur einige wenige Beispiele aus der Mitarbeit des Centralverbandes bei der Aufstellung des geltenden Zolltarifs hervorzuheben, so weise ich darauf hin, daß der Centralverband in seinen Ausschußsitzungen vom 11. und 12. April 1902 sich mit Entschiedenheit gegen die beantragte Einführung eines Zolles auf Rohkupfer im Interesse der weiterverarbeitenden Industrien sowie gegen die Einführung eines in Aussicht genommenen Wollzolles im Interesse der Kammgarnspinner und Wollenweber ausgesprochen hat (Hört, hört!) und daß andererseits Zollerhöhungen, welche auf besonderen Antrag des Centralverbandes bei der Aufstellung unseres Zolltarifs berücksichtigt worden sind, fast nur der weiterverarbeitenden und Fertigindustrie zugute gekommen sind. Im Interesse dieser Industrien lag es ferner, wenn der Centralverband vor allem für eine größere Spezialisierung im Zolltarif eintrat und sie auch durchsetzte, da eine solche zolltarifarische Maßnahme für Rohstoffe entweder überhaupt nicht oder nur in viel geringerem Maße in Frage kommen konnte.

Ein weiteres Beispiel dafür, meine Herren, in welcher Weise sich der Centralverband die Wahrnehmung der Interessen der Fertigindustrie in neuerer Zeit hat angelegen sein lassen, liefert seine Tätigkeit beim Abschluß des deutsch-schwedischen Handelsvertrages. In mehrfachen Eingaben ist der Centralverband für die Ermäßigung der schwedischen Zollsätze für deutsche Fertigfabrikate eingetreten und diesen Bemühungen ist es zu einem großen Teile mit zuzuschreiben, wenn die Zollsätze für Fahrräder, Blechwaren, Metalluhren, Wollengewebe, halbseidene Gewebe, Kleider aus Seide und Halbseide, Akkumulatoren, Barometer, Spielzeuge und eine Reihe anderer Gegenstände nicht unerheblich unter die bisher geltenden oder im neuen schwedischen Zolltarif vorgesehenen Zollsätze herabgesetzt worden sind.

Meine Herren! Gegenüber diesen aktenmäßig zu belegenden Tatsachen sollten die Gegner, namentlich vom Bunde der Industriellen, doch nun auch ihrerseits endlich einmal den Beweis für ihre Behauptungen antreten. Es wird ihnen sowie einem jeden, der ein Interesse daran hat, jederzeit gern Gelegenheit gegeben werden, zu diesem Zwecke in die Akten des Centralverbandes Einsicht zu nehmen. Vielleicht könnte sich alsdann ein Vorfall wiederholen, der im Jahre 1896 infolge einer ähnlichen Behauptung nicht gerade sehr rühmlich für die Vorstandsmitglieder des Bundes der Industriellen verlaufen ist. Damals wurde in der ersten Generalversammlung des Bundes der Industriellen der Vorwurf gegen den Centralverband erhoben, er hätte bei der Vorbereitung des deutsch-japanischen Handelsvertrages nicht seine Schuldigkeit getan. Auf die Aufforderung der Geschäftsführung des Centralverbandes, sich von der Unwahrheit dieser Behauptung durch Einsichtnahme der aktenmäßigen Vorgänge zu überzeugen, erschien am 18. Juni 1896 der bevollmächtigte Syndikus des Bundes, Herr Dr. Lubszynski, auf dem Bureau des Centralverbandes und nahm

Kenntnis von den einschlägigen Vorgängen. Der Erfolg war ein am 4. Juli 1896 von dem damaligen Vorsitzenden des Bundes, Herrn Geheimen Kommerzienrat Wirth, an den Centralverband verfaßtes Schreiben, in welchem in aller Form der erhobene Vorwurf als ungerechtfertigt und unbegründet zurückgenommen wurde. (Hört, hört! Generalsekretär Bueck-Berlin: 24 Aktenstücke waren ihm vorgelegt worden!)

Eine solche Lehre sollte doch eigentlich die Nachfolger in der Leitung des Bundes der Industriellen zu etwas größerer Vorsicht mahnen und doch findet sich in den Ausführungen des Herrn Dr. Stresemann auf jener Gründungsversammlung eine weitere Behauptung, die man als jenseits der Grenze einer zulässigen Agitation liegend bezeichnen muß. Es wird hier den Teilnehmern der Versammlung von den Erfolgen des Verbandes sächsischer Industrieller in Fragen der Reichsgesetzgebung berichtet und hierbei darauf hingewiesen, daß „die Erhaltung der Betriebskrankenkassen durch zähes Ausharren in der Aufklärungsarbeit von seiten des sächsischen Verbandes erzielt worden sei, während der Centralverband Deutscher Industrieller sich öffentlich außerstande erklärt habe, an den ursprünglichen Beschlüssen der Reichstagskommission noch etwas ändern zu können".

Meine Herren! Ich darf es übergehen, diese Art des Versuches der Herabsetzung eines Gegners unter Herausstreichung der angeblichen eigenen Verdienste des näheren zu kritisieren (sehr gut!), da den Mitgliedern des Centralverbandes wie auch den Mitgliedern des Parlaments, insonderheit der nationalliberalen und konservativen Partei, die gerade in diesem Falle vom Centralverbande in Gemeinschaft mit dem Betriebskrankenkassenverbande und dem Verbande deutscher Berufsgenossenschaften geleistete Arbeit hinreichend bekannt ist: ich fordere aber Herrn Dr. Stresemann auf, für seine Behauptungen auch hier den Beweis zu erbringen (sehr gut!), da ich nicht annehmen kann, daß er den in meinem am 28. April über die Reichsversicherungsordnung erstatteten Referat gemachten einleitenden Ausführungen über die beabsichtigte Art der parlamentarischen Erledigung der Reichsversicherungsordnung und die Unwahrscheinlichkeit einer maßgebenden Umgestaltung der Kommissionsbeschlüsse eine derart — ich will sagen „mißverständliche" — Auslegung geben konnte. (Sehr gut!)

Gerade Herr Dr. Stresemann, der in seiner großen Rede auf dem ersten deutschen Hansatage am 12. Juni d. J. von dem „Köhlerglauben" an die Macht der schriftlichen Eingaben sprach, sollte die ihm doch sehr wohl bekannte Tatsache etwas mehr würdigen, daß bei der Beratung der Reichsversicherungsordnung der Betriebskrankenkassenverband, der Verband deutscher Berufsgenossenschaften und der Centralverband bemüht gewesen sind, durch ständige Fühlungnahme mit den Kommissionsmitgliedern den Forderungen der Industrie nach Möglichkeit Geltung zu verschaffen. Die Erkenntnis, daß der Reichstag nur wenige, als sachverständig für die Behandlung industrieller Fragen anzusprechende Mitglieder in seinen Reihen hat, gab damals den Anlaß zu einem derartigen Vorgehen und es muß recht eigentümlich berühren, wenn diese Art der praktischen Betätigung von denjenigen, zu deren Hauptschlagworten, allerdings nur außerhalb des Parlaments, die Zurücksetzung von Handel und Gewerbe in unserem öffentlichen Leben gehört, nicht nur nicht anerkannt, sondern sogar herabgesetzt wird. (Sehr wahr!)

Meine Herren! Der Centralverband ist diese Art der Befehdung allerdings hinlänglich gewohnt und er hat es sogar erleben müssen, daß man ihm aus derjenigen Maßnahme, mit der er die Interessen der Industrie am wirksamsten zu schützen bestrebt ist, aus der Bildung eines industriellen Wahlfonds, einen Strick zu drehen suchte. Obgleich der Beschluß auf Bildung eines solchen Wahlfonds schon im September 1908, als von der Gründung eines Hansabundes überhaupt noch keine Rede war, vom Direktorium des Centralverbandes in Heidelberg gefaßt worden ist, ist bei unseren Gegnern bis auf den heutigen Tag die Behauptung nicht verstummt, daß man mit dieser Maßnahme dem Hansabunde, wie man sich auszudrücken pflegt, einen Knüppel habe zwischen die Beine werfen wollen. Anstatt die Opferwilligkeit derjenigen Industriellen, die zum Zwecke einer besseren Vertretung der Industrie im Parlamente erhebliche Mittel zur Verfügung gestellt haben, anzuerkennen, hat man nicht aufgehört, in hämischer Kritik gegen das Vorgehen des Centralverbandes zu eifern und hat hierdurch wiederum einmal ein einheitliches Zusammenwirken innerhalb der Industrie und ihrer Organisation zu vereiteln gewußt.

Meine Herren! Wenn man die Zeitströmungen ins Auge faßt, die mit Erfolg darauf gerichtet sind, immer mehr Gewalt über die Massen zu erlangen, und die unverkennbar auch einen größeren Einfluß auf die Regierung und die Gesetzgebung ausüben, und wenn man beachtet, daß diese Zeitströmungen in der Hauptsache sich wenden gegen die Industrie und gegen den mit der Industrie eng verbündeten Handel, dann wird man wohl ohne weiteres darin einig sein, daß eine jede Spaltung zwischen den Vertretungskörperschaften dieser Erwerbsstände in höchstem Maße bedauerlich ist (sehr wahr!) und man sollte daher auch auf der gegnerischen Seite etwas mehr bestrebt sein, den Weg für einen Ausgleich offen zu halten. (Beifällige Zustimmung!)

Der Centralverband ist vor nunmehr 35 Jahren nicht mit Schmähungen und Angriffen auf Berufsgenossen oder auf andere Erwerbsgruppen ins Leben getreten (sehr wahr!), sondern er wurde begründet unter Hochhaltung und ich möchte sagen, erster maßgebender Verkündung des Grundsatzes von der Solidarität der Interessen aller für den Schutz der nationalen Arbeit eintretenden Erwerbsgruppen. (Beifall!) Diesen in unserer jetzigen Zeit von vielen Seiten so schwer verleugneten Grundsatz wird der Centralverband auch bei seiner künftigen Tätigkeit stets im Auge behalten und sein Streben wird darauf gerichtet sein, nicht nur schließlich wieder mit den Industriellen, die jetzt gegen ihn sind, sondern, nach wie vor, auch mit der Landwirtschaft auf einem Boden zu stehen in richtiger Solidarität der Interessen.

Meine Herren! Dieses Ziel werden wir stets verfolgen, wenn wir unter den gegenwärtigen Verhältnissen auch gezwungen sind, ernst und fest für die Wahrung unserer Interessen einzutreten, und es wird dieser Grundsatz von uns um so mehr aufrecht erhalten werden, je mehr wir die Größe der Gefahr erkennen, die unserer bestehenden Wirtschafts- und Gesellschaftsordnung von einer anderen Seite droht.

Wer in den letzten Jahren das stete Wachsen der Gewerkschaftsbewegung verfolgt hat, der wird sich der Einsicht nicht verschließen, daß die mit äußerster Sorgfalt und Umsicht durchgearbeiteten und mit großen Mitteln ausgestatteten Organisationen der Arbeiterschaft sich zu einer gewaltigen Macht entwickelt haben. Die diesjährige Tagung der „freien" Gewerkschaften am 26. Juni in Dresden hat wiederum einmal gezeigt, welches Bewußtsein von der sozial- und wirtschaftspolitischen Bedeutung ihrer Organisation und vor allem, welch starker Wille zur Macht in den Vertretern dieser Gewerkschaften steckt. Man braucht nur den Rechenschaftsbericht des Führers Legien mit seinen allerdings glänzenden Zahlen zu lesen, um hieraus so etwas, wie ein zurzeit durch nichts zu erschütterndes Siegesbewußtsein zu entnehmen. Die Einnahmen der freien Gewerkschaften, deren Mitgliederzahl im Jahre 1910 von 1 832 667 auf 2 017 298 gestiegen ist, betrugen im gleichen Jahre 64 372 190 M. gegenüber 50 592 114 M. im Jahre 1909; der Vermögensbestand betrug 52 575 505 M. im Jahre 1910 gegenüber 43 480 932 M. im Jahre 1909. Es ergibt das für die Einnahmen einen Durchschnittsbeitrag eines jeden Gewerkschaftsgenossen von 31,91 M. oder rund 32 M. (Hört, hört!), eine Besteuerung, die der preußische Staat von seinen Untertanen erst bei einem Einkommen von 1800 bis 2100 M. erhebt. Nach dem Ausgabeetat der Zentralgewerkschaftskasse im Jahre 1910 in Höhe von rund 58 Millionen Mark sind für Wohlfahrtszwecke der Mitglieder lediglich 18 678 968 Mark ausgegeben worden, während nicht weniger als 39 247 598 M. für reine Kampf- und Agitationszwecke Verwendung gefunden haben.

Meine Herren! Das bedeutet eine durchschnittliche Kontribution eines jeden Gewerkschaftsmitgliedes mit 22,66 M. für reine Agitations- und Streikzwecke, und diese Opferwilligkeit der Arbeiterschaft sollte auch für unsere Arbeitgeber ein Ansporn sein, an dem Ausbau und der Stärkung ihrer eigenen Organisationen unablässig zu arbeiten. (Zustimmung und Beifall.)

Welche verhängnisvollen Katastrophen anderenfalls eintreten können, das hat die englische Arbeiterbewegung im August d. J. zur Genüge bewiesen. Diese Bewegung, die mit dem durch einen Schiedsspruch des Londoner Handelskammerpräsidenten zugunsten der Ausständigen scheinbar beigelegten Dockarbeiterstreik begann, hat damals in England das gesamte Verkehrsgewerbe und nahezu alle Privatbetriebe lahmgelegt und sich wohl als die schwerste soziale Erschütterung erwiesen, die in neuerer Zeit einen Kulturstaat betroffen hat. Gekennzeichnet wurde das gewaltige Ringen zwischen Unternehmern und Arbeitern nicht nur durch den allein täglich auf etwa 30 Millionen Mark veranschlagten Schaden, den der erzwungene Stillstand fast der gesamten produktiven Arbeit der englischen Volkswirtschaft zugefügt hat, sondern vor allem auch durch das diktatorische Auftreten der beinahe aller Orten von Sympatiestreiks ergriffenen Arbeiterschaft, deren einzelne Berufsgruppen durch die Zügellosigkeit ihrer Forderungen und den Mangel an Selbstzucht sich einander überbieten zu wollen schienen.

Besonders bemerkenswert bei dieser sozialen Revolution war aber auch das völlige Versagen der Einigungsämter, für deren reichsbehördliche Einrichtung bei uns in Deutschland erst im März d. J. von seiten der Gesellschaft für soziale Reform wieder eifrig Propaganda gemacht wurde. Diese Einigungsämter haben sich in England als durchaus ungeeignet erwiesen, in irgendeiner Weise den sozialen Frieden zu erhalten. Sie haben in den Fällen, in denen sie den Arbeitern entgegenkamen, nicht etwa die Quelle der Unzufriedenheit verstopft, sondern sind erst recht eine Quelle neuer Zwistigkeiten geworden, weil der Erfolg einer Arbeitergruppe immer neue Gruppen zu ähnlichem Vorgehen ermutigte (sehr richtig!), und sie sind in den anderen Fällen, in denen sie nicht zugunsten der Arbeiter entschieden, von diesen einfach beiseite geschoben worden.

Diese Lehren der englischen Streikbewegung werden hoffentlich auch den maßgebenden behördlichen Stellen in Deutschland die Ueberzeugung beibringen (Zuruf: Hoffentlich!), daß durch derartige Mittel der soziale Friede niemals gefördert oder gar erhalten werden kann, sondern daß hierfür, und um das gewerbliche Arbeitsverhältnis wirksam zu schützen, besondere gesetzgeberische Maßnahmen erforderlich sind. (Lebhafte Zustimmung.)

Die ständigen Ausstandsbewegungen, deren Zahl im verflossenen Zeitraum des Jahres 1911 gegenüber dem gleichen Zeitraum des Jahres 1910 schon wieder erheblich zugenommen hat, und die unser Wirtschaftsleben immer heftiger erschüttern, haben der Allgemeinheit die Frage der Koalition und des Streikrechts erneut näher gebracht und lassen angesichts des stets rücksichtsloser werdenden Terrorismus der Streikenden die Notwendigkeit eines erhöhten Schutzes der Arbeitswilligen immer dringlicher erscheinen. (Sehr richtig!)

Es wird Ihnen bekannt sein, meine Herren, daß Ihr Direktorium in diesem Sinne bei den zuständigen Behörden bereits vor einigen Monaten vorstellig geworden ist, und es muß mit besonderer Genugtuung konstatiert werden, daß diesem Beispiele auch der Bayerische Industriellenverband vor kurzem gefolgt ist. Es war wohl vorauszusehen, daß wegen dieses Vorgehens der Centralverband nicht nur von den Sozialdemokraten und ihrer Presse, sondern auch von der linksliberalen Presse sofort aufs heftigste geschmäht, und daß er sich hierdurch wieder einmal den Vorwurf unerbittlicher Feindschaft gegen alle Sozialreform zuziehen würde.

Meine Herren! Diesem so oft wiederkehrenden Vorwurf gegenüber möchte ich doch einmal darauf hinweisen, daß in der von Herrn Generalsekretär Bueck bearbeiteten Geschichte des Centralverbandes der aktenmäßige Nachweis erbracht worden ist, daß der Centralverband in ernster, jahrzehntelanger, mühevoller Arbeit die großzügige Sozialpolitik des großen Kaisers und seines Kanzlers wie wenige andere gestützt, gefördert und in die Wege geleitet hat. (Sehr wahr!) Bis auf den heutigen Tag ist noch von keiner Seite, auch von unseren entschiedensten Gegnern nicht, der Versuch gemacht worden, diesen Beweis als nicht erbracht oder als mißlungen darzustellen, und es ist eine bewußte Verdrehung der Tatsachen, wenn der Centralverband von seinen Gegnern und Neidern wieder und immer wieder als ein Feind aller sozialpolitischen Maßnahmen, als der Inbegriff arbeiterfeindlicher Gesinnung, oder neuerdings mit besonderer Schärfe als ein Gegner des Koalitionsrechts der Arbeiter bezeichnet wird.

Der Centralverband hat nie mit einer Silbe oder mit einem Wort Stellung gegen das Koalitionsrecht der Arbeiter genommen, und er hätte auch wohl keinen Anlaß dazu, da er selbst dieses Recht für seine Mitglieder in Anspruch nimmt und bemüht ist, die Arbeitgeber zu organisieren zur Abwehr gegen die Angriffe der sozialdemokratischen Organisationen. Aber, meine Herren, es muß als ein unbestreitbares Recht des Arbeitgebers gefordert werden, das Arbeitsverhältnis mit seinen Arbeitern in seinem Betriebe unter Ausschluß aller außenstehenden Elemente zu ordnen. Es gibt bis jetzt kein Gesetz, keine Verordnung, die den Arbeitgeber zwingen könnte, diesen von ihm unerschütterlich eingenommenen Standpunkt zu verlassen, und es ist nur bezeichnend für die Verwirrung der Begriffe, zu der der sozialistische Uebereifer führt, wenn diejenigen als Scharfmacher erster Ordnung, als Gegner des Koalitionsrechtes verlästert werden, die sich zwar auf dieses Rechtsverhältnis stützen, die aber auf der anderen Seite bestrebt sind, die Freiheit der Arbeit und die Arbeiter selbst zu schützen gegen den immer mehr zunehmenden Terrorismus der Sozialdemokraten. (Lebhafte Zustimmung.)

Meine Herren! Die von mir bereits erwähnte Eingabe an die Verbündeten Regierungen ist begleitet gewesen von einer umfangreichen Denkschrift, angefüllt mit zahlreichen Beispielen für diesen Terrorismus, und es könnten dieser Denkschrift, wenn es gewünscht wird, wohl noch Bände hinzugefügt werden. Ich unterlasse es, in dieser Hinsicht Einzelbeispiele anzuführen, da es sich hierbei um bekannte Tatsachen handelt; aber ich unterbreite Ihnen im Auftrage des Direktoriums die Bitte, Ihrerseits nochmals mit Nachdruck das Verlangen nach einem erhöhten Schutz der Arbeitswilligen durch Annahme der Ihnen vorliegenden Resolution zu unterstützen. (Beifall.)

Meine Herren! Der Centralverband wird auch dieses Mal wieder das Odium der Rückständigkeit und Scharfmacherei auf sich nehmen, und den bereits gegen ihn erhobenen Vorwurf ertragen müssen, daß er Ausnahmebestimmungen im einseitigen Interesse der Arbeitgeber erstrebe. Und doch sollte die Haltlosigkeit gerade eines solchen Vorwurfs eigentlich einem jeden wirtschaftlich Einsichtigen ohne weiteres klar sein. Von denjenigen, die ein Interesse an der Durchführung gesetzgeberischer Maßnahmen zum Schutze der Arbeitswilligen haben, kommen die industriellen Arbeitgeber erst an dritter Stelle. An erster Stelle sind doch wohl zweifellos diejenigen an der Erwirkung eines solchen Schutzes interessiert, denen die Möglichkeit, zu arbeiten, wann und wo es ihnen beliebt, gegeben werden soll, also die Arbeitswilligen selbst, die mit ihren Familien hungern müssen, wenn sie am Lohntage keinen Wochenlohn nach Hause bringen. Das sind die am allerersten und im weitesten Umfange hieran Interessierten. An zweiter Stelle ist der Staat daran interessiert, daß den Arbeitswilligen der ihnen gebührende Schutz gewährt wird. Der Staat erfüllt mit der Gewährung dieses Schutzes nur seine Pflicht, da die durch den bisherigen ungenügenden Schutz herbeigeführten Verhältnisse gezeigt haben, daß es höchste Zeit ist, auf dem Wege der Gesetzgebung einzugreifen, wenn nicht die Begriffe, was Recht und was Unrecht ist, sich weiter verwirren oder gänzlich verloren gehen sollen (sehr richtig!), und wenn man nicht glauben soll, daß das bekannte Wort des Fürsten Bismarck vom „Recht auf Arbeit“ heute nicht mehr zu Recht besteht. (Sehr gut!)

Erst an dritter Stelle, meine Herren, sind die Industriellen an gesetzgeberischen Maßnahmen auf diesem Gebiete interessiert, von diesen aber die Vertreter der Großindustrie sicher am wenigsten. Die Großindustrie wird sich immer ihrer Haut zu wehren wissen, und, wenn von den großen, durch die Ausstände hervorgerufenen Schädigungen die Rede ist, so wird die Großindustrie, besonders soweit deren Träger nicht physische Personen sind, in der verhältnismäßig geringsten Weise hiervon betroffen werden; die finanziellen Nachteile werden sich dort am leichtesten ausgleichen. Aber wo sie sich nicht ausgleichen, das sind die Tausende kleinerer wirtschaftlicher Existenzen, die durch einen langen Streik ruiniert werden. (Sehr richtig!)

Wenn somit, meine Herren, die Großindustrie, soweit sie im Centralverband Deutscher Industrieller vertreten ist, mit voller Ueberzeugung für den erhöhten Schutz der Arbeitswilligen eintritt, so tut sie das nicht in egoistischem Interesse, sondern, weil sie das Gemeinwohl im Auge hat, weil sie erkennt, daß die weitere gesunde, wirtschaftliche Entwickelung der deutschen Nation Schaden leiden muß, falls der Zwangsherrschaft der Sozialdemokratie nicht bald gesetzlich ein Damm entgegengesetzt wird. (Beifällige Zustimmung.)

Meine Herren! Wohin das Ziel nicht nur der Sozialdemokratie, sondern auch eines großen Teiles der linksliberalen Parteien des Reichstages gerichtet ist, das konnte man kürzlich erst wieder aus den Auslassungen des Reichstagsabgeordneten Herrn Dr. Heinz Potthoff ersehen, der in zwei in den „Deutschen Nachrichten" erschienenen Artikeln erneut die Forderung nach einer „verfassungsmäßigen" Gestaltung des Arbeitsverhältnisses, nach Schaffung des „konstitutionellen Fabriksystems" erhoben hat.

Bisher konnte man die Hoffnung hegen, daß gegenüber solchen, das sicherste Mittel für den Untergang einer leistungsfähigen Industrie bildenden Bestrebungen die Verbündeten Regierungen hinreichende Widerstandskraft besitzen, und durch unbedingte Ablehnung derartiger Forderungen ein besseres Verständnis für die Bedeutung der Autorität des Arbeitgebers in seinem Betriebe beweisen würden. Nach den Mitteilungen jedoch, die letzthin unwidersprochen über eine Schwenkung der Regierung in der Frage der Errichtung von Lohnämtern durch die Presse gegangen sind, wird man anscheinend diese Hoffnung nicht mehr hegen können.

Meine Herren! In den Verhandlungen der Reichstagskommission über die Heimarbeitsvorlage haben, als in erster Lesung durch eine aus Zentrum, Sozialdemokraten und Freisinn bestehende Mehrheit die obligatorische Einführung von Lohnämtern mit der Befugnis der Festsetzung rechtsverbindlicher Lohntarife beschlossen wurde, die Bundesratsvertreter diesem Gedanken mit Entschiedenheit widersprochen. Jetzt verlautet, daß dieser Standpunkt von den Verbündeten Regierungen nicht mehr aufrecht erhalten, sondern mit Hilfe der Konzession der Lohnämter die sonst wohl aussichtslose Heimarbeitsvorlage, also unter sogenannter „positiver" Mitwirkung der Sozialdemokratie, unter Dach gebracht werden soll. (Hört! hört!)

Meine Herren! Welche Folgen ein derartiges sozialpolitisches Experiment nach sich ziehen muß, das brauche ich Ihnen im einzelnen nicht näher darzulegen. Die Regierung wird sich aber bewußt sein müssen, daß sie mit einem solchen Entgegenkommen auf eine der wichtigsten sozialdemokratischen Forderungen die Grundlagen erschüttert, auf denen unsere ganze heutige Wirtschaftsordnung aufgebaut ist. (Sehr gut!) Die gesetzliche Festlegung eines Lohnminimums würde die prinzipielle Abkehr von dem freien Arbeitsvertrage bedeuten, dessen Bedingungen sich nach Angebot und Nachfrage, nicht aber nach behördlichen Verordnungen regeln. (Sehr wahr!) Die Erfahrungen in Australien und Neuseeland, diesen beiden Musterländern für soziale Experimentierpolitik (Heiterkeit), wo die sozialistisch geleitete Arbeiterpartei sich so lange „ausleben“ durfte, bis die schwächere Industrie ruiniert war, die stärkere aber das Land verließ, diese Erfahrungen laden die Kulturstaaten mit ihrem unendlich größeren wirtschaftlichen Risiko wahrlich nicht zur Nachfolge ein, und es ist höchst bedauerlich, daß sich der Centralverband in dieser Auffassung wieder einmal im **Gegensatz** zu dem Bunde der Industriellen befinden muß (hört! hört!), wenigstens insoweit, als dessen Vorstandsmitglied, Herr Dr. Stresemann, in der Frage der Errichtung von Lohnämtern schon früher eine „vermittelnde“ Stellung einnahm und diese Aemter unter gewissen Voraussetzungen zulassen wollte.

Diese gegensätzliche Auffassung zwischen den beiden Verbänden ist leider auch in einer anderen, die Industrie gerade jetzt sehr lebhaft beschäftigenden Frage, in der aber gleichfalls der weitaus größte Teil der Industriellen wohl zweifellos auf seiten des Centralverbandes steht, zutage getreten, in der Frage der Privatbeamtenversicherung.

Meine Herren! Ueber dieses Gesetz und die von seiten der Industrie dagegen zu erhebenden grundsätzlichen Bedenken wird Ihnen heute noch in einem besonderen Referate Bericht erstattet werden. Ich kann es daher unterlassen, hierauf im einzelnen näher einzugehen, und möchte nur darauf hinweisen, daß durch die Arbeiten einer von zahlreichen wirtschaftlichen Verbänden gebildeten sogenannten Arbeitszentrale für die Privatbeamtenversicherung, der neben dem Deutschen Handelstage und dem Bayerischen Industriellenverbande auch der Centralverband Deutscher Industrieller angehört hat, festgestellt worden ist, daß die amtliche Begründung des Gesetzentwurfs die für die vorgesehene Sonderversicherung erforderlichen Beiträge um mindestens 100 Millionen Mark zu niedrig angibt, daß eine befriedigende Lösung der Privatbeamtenversicherung auf dem Wege des Ausbaues der Invalidenversicherung versicherungstechnisch sehr wohl möglich ist, und zwar bei erheblich geringeren Aufwendungen, aber gleichen, und teilweise sogar höheren Leistungen, wie sie in dem Gesetzentwurf der Regierung vorgesehen sind.

Meine Herren! Mit Rücksicht auf diese Feststellungen haben daher die in der Arbeitszentrale vereinigt gewesenen großen wirtschaftlichen Organisationen im Gegensatze zum Bunde der Industriellen, der sich auf seiner letzten Tagung am 4. September d. J. in Dresden fast rückhaltlos auf den Boden der Gesetzesvorlage gestellt hat, die Forderung erhoben, daß von der Erledigung des vorliegenden Entwurfs so lange Abstand genommen würde, bis die Vorschläge der

Arbeitszentrale einer genauen Prüfung unterzogen seien, und daß nicht etwa aus politischen Erwägungen heraus eine eilige Behandlung der Angelegenheit betrieben würde. (Sehr gut!)

Die Atmosphäre des seiner Auflösung entgegengehenden Reichstages kann wirklich nicht als geeignet angesehen werden, eine gedeihliche Lösung der grundsätzlich wichtigen Einzelfragen des Entwurfs zu gewährleisten. Die Parteien und ihre Mitglieder sind doch zu einem großen Teile fast nur noch von dem Selbsterhaltungstriebe bewegt (Heiterkeit), von der Sorge erfüllt, sich im Wahlkampfe zu behaupten und womöglich zu verstärken. (Sehr wahr!)

Ich erinnere hier an das Wort unseres großen Kanzlers, des Fürsten Bismarck, der im Jahre 1884 in einem ähnlichen Falle dem Drängen der Abgeordneten mit den Worten entgegentrat: „Ich will dafür die Verantwortung nicht übernehmen, so etwas ohne weiteres, wie es heute liegt, dicht vor Schluß des Reichstages, wo ein sachliches Hin- und Herverhandeln so gut wie ausgeschlossen ist, in die Welt zu schicken.“

Meine Herren! Dieses Verantwortlichkeitsgefühl des Fürsten Bismarck sollte man sich an den maßgebenden Stellen noch heute etwas zur Nachachtung dienen lassen. (Lebhafter Beifall!) Es ist doch wohl nicht anzunehmen, daß wir im Deutschen Reiche schon soweit gekommen sind, daß Parlament und Bundesrat genötigt sind, eine so eminent wichtige Frage, wie die der Privatbeamtenversicherung, nur aus politischen Gründen kurz vor den Wahlen gesetzlich zu regeln auf einem Wege, gegen den aus den sachkundigsten Kreisen in einmütigen Gegenvorschlägen die schwerwiegendsten Bedenken erhoben worden sind. (Lebhafte Zustimmung!) Obgleich niemand daran denkt, der Lösung dieser Frage grundsätzliche Hindernisse in den Weg zu legen, obgleich im Gegenteil eine für die Angestellten, also die am meisten bei der Sache Interessierten, wohlfeilere und zugleich ergiebigere Lösung in den Gegenvorschlägen gefunden worden ist, wird es ohne weiteres abgelehnt, diese Vorschläge und die erhobenen Einwendungen auf ihre Berechtigung und ihre Durchführbarkeit hin zu prüfen.

Meine Herren! Es muß wohl mit Recht Befremden erregen, wenn der Herr Vertreter der Verbündeten Regierungen am 19. Mai d. J., als es sich um die Herabsetzung der Altersgrenze bei der Invalidenversicherung vom 70. auf das 65. Lebensjahr handelte, gegen die hiermit für unser Erwerbsleben verbundene Neubelastung die schwersten Bedenken geltend machte, und wenn genau 5 Monate später, am 19. Oktober d. J., eben derselbe Herr Bundesratsbevollmächtigte, der Herr Staatssekretär des Innern, bei der ersten Lesung des Privatbeamtenversicherungsgesetzes die Frage, ob unsere wirtschaftlichen Verhältnisse es uns gestatten, Arbeitgebern und Arbeitnehmern die mit dem neuen Gesetze zu erwartende Mehrbelastung aufzuerlegen, „kurzerhand" bejahte. (Hört! hört!)

Hierbei, meine Herren, hatte der Herr Staatssekretär, als er am 19. Mai d. J. seine lebhaften Bedenken gegen eine jede Mehrbelastung aussprach, für die Kosten der Versicherung der Privatbeamten sogar nur einen Betrag von 150 Millionen Mark in Rechnung gestellt, während die Begründung des Entwurfs selbst mit einem Betrage von 200 Millionen Mark rechnet, und in der Denkschrift der Arbeitszentrale nachgewiesen worden ist, daß die zu erwartende Mehrbelastung sich auf mindestens 300 Millionen Mark stellen wird. Es wäre daher sehr dankenswert gewesen, wenn der Herr Staatssekretär einige Gründe dafür angegeben hätte, worauf er seine, so sichere Ueberzeugung von der unbeschränkten Belastungsfähigkeit der Industrie, des Handels und des Gewerbes stützt. Auch innerhalb der Regierung sollte doch bekannt sein, daß um den Betrag einer jeden, diesen Erwerbskreisen auferlegten Neubelastung sich unter allen Umständen auch die Selbstkosten unserer Warenerzeugung und demzufolge auch die Preise der Waren erhöhen müssen, so daß mit einer jeden weiteren sozialen Belastung unbedingt auch eine weitere Verteuerung der Lebenshaltung für alle Volkskreise verbunden sein muß. (Sehr wahr!)

Meine Herren! Diese Entwickelung wird offenbar von vielen verkannt, namentlich aber von denjenigen, die sich auf der einen Seite nicht genug tun können in der Forderung sozialer Wohltaten auf Kosten Dritter und die andererseits, wie es sich gerade jetzt gezeigt hat, im Falle der eintretenden Verteuerung einzelner Lebensmittel bestrebt sind, die Schuld hierfür anderen Leuten, vor allem natürlich der Regierung, in die Schuhe zu schieben. (Sehr richtig!)

Meine Herren! Es soll einmal daran erinnert werden, daß es die sozialdemokratische Fraktion des Reichstages gewesen ist, die mit teilweiser Unterstützung der Freisinnigen bei der Beratung der Reichsversicherungsordnung Anträge einbrachte, die nach der zuverlässigen Berechnung des Reichsamts des Innern Mehrkosten von nicht weniger als zwei Milliarden Mark im Jahre verursacht haben würden. (Hört!) Von dieser Summe, die ungefähr das Doppelte von dem ausmacht, was auf Grund der Reichsversicherungsordnung jetzt jährlich für soziale Zwecke aufzubringen ist, würde etwa die

Hälfte von den Arbeitern selbst zu tragen gewesen sein. Es war somit noch im Frühjahr d. J. bei den Sozialdemokraten und ihren Freunden die Auffassung vorhanden, daß die Arbeiter auch bei dem jetzigen Stande der Kosten auf Lebenshaltung sehr wohl in der Lage sein würden, noch die Hälfte von zwei Milliarden Mark jährlich für soziale Zwecke aufzubringen, während jetzt in den sozialdemokratischen Blättern tagtäglich die Behauptung wiederkehrt, daß für die Arbeiterbevölkerung die Preise der notwendigsten Lebensbedürfnisse unerschwinglich seien, und der „Vorwärts" am 13. Oktober sogar von einer durch die Teuerung drohenden „Verelendung" der Arbeiter sprach.

Meine Herren! Der Grund für derartige Entstellungen liegt wohl auf der Hand. Schon im Jahre 1902 bei den Kämpfen um den Zolltarif hat der Abgeordnete Bassermann im Reichstage sich dahin geäußert, daß es für die Sozialdemokratie keine bessere Wahlparole gäbe, als die Worte: „Brotverteuerung und Kornwucher" und diese Parole machen sich jetzt auch andere fleißig zunutze.

Ich kann es wohl übergehen, meine Herren, im einzelnen auf diese Behauptungen von „Hungersnotpreisen usw." einzugehen. Sie alle werden aus der großen Rede unseres Herrn Reichskanzlers am 23. Oktober anläßlich der Teuerungsdebatte im Reichstage ersehen haben, in welcher Weise die diesbezüglichen Darstellungen in der linksliberalen und sozialdemokratischen Presse übertrieben worden sind und daß, wenn die Fleischpreise durchweg den Viehpreisen entsprochen hätten, von einer unerträglichen Teuerung kaum jemals die Rede hätte sein können.

Sie werden aber des weiteren mit großer Genugtuung vernommen haben, daß der Herr Vertreter der Verbündeten Regierungen sich rückhaltlos und unbedingt zu der altbewährten, vom Fürsten Bismarck inaugurierten Wirtschaftspolitik bekannt hat, und man wird auch dem Herrn Staatssekretär des Innern nur vollauf darin beistimmen können, daß die gegenwärtige Teuerung ohne jeden Zusammenhang mit unserer derzeitigen Wirtschafts- und Schutzzollpolitik ist. Nach den eingehenden Darlegungen des Hern Staatssekretärs kann es einem Zweifel wohl nicht unterliegen, daß ebenso wie in Deutschland, auch in allen anderen Staaten, die unter den Folgen der Dürre und des Mißwachses zu leiden gehabt haben, eine gleiche, zum Teil noch stärkere Preissteigerung der Lebensmittel stattgefunden hat, ohne daß die Zollgesetzgebung hierbei irgendeine Rolle gespielt hat. Bevor daher auf diesem Gebiete dem Drängen auf Ermäßigung des Zollschutzes nachgegeben wird, wird in der Tat wohl zunächst abzuwarten sein, ob die Maßnahmen, die in Preußen und anderen Bundesstaaten von der Regierung und den Gemeinden ergriffen worden sind, nicht genügen, um einer wirklich bedenklichen weiteren Preissteigerung der unentbehrlichen Lebensmittel vorzubeugen.

Meine Herren! Daß bei diesen vorzubeugenden Maßnahmen im Interesse der Arbeiterbevölkerung auch die Industrie bereits tätig mitgewirkt hat, hat bisher überhaupt keine Beachtung gefunden, obgleich es weiteren Kreisen wohl bekannt sein dürfte. Wie durch eine Umfrage des Centralverbandes bei einer Reihe seiner Mitglieder festgestellt worden ist, sind namentlich in Rheinland und Westfalen und in Schlesien von den Werksverwaltungen, von denen sich stellenweise auch mehrere zu diesem Zweck zusammengetan hatten, oder auch von lokalen Industrieverbänden Kartoffeln und andere Nahrungsmittel in großer Menge eingekauft und zu den Erstehungskosten und vielfach noch darunter an die Arbeiter abgegeben worden. Teilweise ist man auch zu Teuerungszulagen und sogar zu Lohnerhöhungen geschritten und unsere Arbeitgeber haben hierdurch wieder einmal den Beweis erbracht, daß sie für ihre Arbeiter stets zu sorgen bereit sind, und zwar nicht nur innerhalb des Rahmens der gesetzlichen Leistungen, sondern vor allem auch durch f r e i w i l l i g e Leistungen, mit denen sie schon von jeher unserer Gesetzgebung vielfach den Weg gewiesen haben. (Bravo!)

Das sollten sich doch diejenigen gesagt sein lassen, die nicht müde werden, unserer Industrie immer wieder Mangel an Herz für ihre Arbeiter vorzuwerfen und ihr mit guten, für sie recht billigen Ratschlägen an die Hand zu gehen; das sollten aber vor allem diejenigen Kreise etwas mehr beachten, die von dem ungezügelten Drange getrieben werden, die Arbeiter n a ch i h r e r A r t zu beglücken, denen aber das Verständnis für das Erreichbare und ein ausreichendes Urteil darüber offenbar fehlt, was mit der natürlichen Entwickelung der Dinge und der Verhältnisse vereinbar ist. (Sehr wahr!)

Was in dieser Hinsicht bei uns in Deutschland noch alles erstrebt wird, das kann man tagtäglich aus den Schriften unserer Sozialtheoretiker ersehen, die in der letzten Zeit wieder ein Thema ganz besonders haben aktuell werden lassen, das Thema der A r b e i t s l o s e n v e r s i ch e r u n g.

Meine Herren! Es wird Ihnen bekannt sein, daß der Gedanke, die Arbeiterschaft gegen die Folgen der Arbeitslosigkeit zu sichern, bereits in einer ganzen Reihe von Städten zur Errichtung von Versicherungskassen geführt hat, aus denen die Berufsorganisationen der Arbeiter, die als Versicherungsträger die Unterstützungsgelder an ihre Mitglieder zahlen, Zuschüsse, und zwar in der Regel in Höhe von 50 Prozent der verausgabten Hilfsbeträge erhalten.

Zu Beginn dieses Jahres ist nunmehr fast gleichzeitig im Sächsischen Landtag und in der Berliner Stadtverordnetenversammlung die Frage der Arbeitslosenversicherung durch sozialdemokratische Anträge erneut zur Sprache gebracht und es wurde hierbei gleichmäßig von den Antragstellern ein Zuschuß von 50 Prozent aus öffentlichen Mitteln zu den Unterstützungsbeiträgen der Arbeitslosenkassen, sowie die Einstellung dieser Mittel in die betreffenden Etats gefordert. In der Berliner Stadtverordnetenversammlung wurde der Antrag von dem sozialdemokratischen Stadtverordneten Dupont mit folgenden Worten begründet: „Wir wollen keine Arbeitslosen versicherung, sondern absichtlich eine Arbeitslosen unterstützung, damit wir vor gewissen staatsanwaltlichen Gelüsten bewahrt bleiben, die Gewerkschaften unter das Versicherungsgesetz zu stellen und daraufhin zu drangsalieren.“ (Hört! hört!)

Dieser Satz beweist wohl zur Genüge die Richtigkeit der Ansicht, daß es den Sozialdemokraten nur darauf ankommt, ihre Gewerkschaften unter Verwendung öffentlicher Mittel für Arbeitslosenunterstützung pekuniär zu entlasten (sehr wahr!), um alsdann die so freigewordenen Mittel für andere, selbstverständlich gleichfalls agitatorische Zwecke im Dienste der Sozialdemokratie zu verwenden. Es konnte daher nur die größte Genugtuung erwecken, als in der Erkenntnis dieses, von den Sozialdemokraten verfolgten Zwecks der im Monat September in Posen abgehaltene deutsche Städtetag sich gegen eine Förderung der Arbeitslosenversicherung zu Lasten des Gemeinwesens aussprach. Daß hierbei die Ausführungen des Herrn Oberbürgermeisters Adickes aus Frankfurt a. M. und die diesem selbst von dem Vertreter der Reichshauptstadt gewordene Zustimmung den ganzen Verhandlungen eine etwas „antisoziale“ Färbung gaben, kann ich als besonders bemerkenswert nicht unerwähnt lassen. Es kommt ja leider selten genug vor, daß sich auch einmal aus anderen Kreisen, als denen der professionellen „Scharfmacher“ und „Bremser“ eine Stimme gegen das unentwegte Vorwärtsdrängen unserer zünftigen Sozialpolitiker erhebt, und es mußte daher auch zunächst etwas wie Verwunderung erregen, als vor kurzem ein ähnlicher Warnungsruf sogar von einer Seite ertönte, die man bisher stets als eine der Hauptstützen unserer Sozialpolitiker anzusehen gewohnt gewesen ist.

Meine Herren! Auf der im Monat September in Dresden abgehaltenen internationalen Konferenz für Sozialversicherung hat der frühere Staatssekretär des Innern, Graf von Posadowsky-Wehner, nicht umhin gekonnt, vor einer Sozialpolitik zu warnen, die nicht auf gesunder wirtschaftlicher Grundlage beruhe, und hat mit Rücksicht auf den Wettbewerb auf dem Weltmarkte die Forderung aufgestellt, die sozialpolitischen Gesetze auf internationaler Grundlage zu regeln, um die Belastung der Produktionskosten durch soziale Versicherung in den einzelnen Ländern möglichst parallel zu gestalten.

Wie schwierig derartige internationale Regelungen durchzuführen sind, das haben auf sozialpolitischem Gebiete die bisherigen Erfahrungen wohl zur Genüge erwiesen und wir haben es gerade letzhin erlebt, wie sehr in allen wirtschaftlichen Fragen die Interessengegensätze das Zustandekommen internationaler Verständigungen erschweren.

Es mag hier bisher nicht üblich gewesen sein, auch die äußere Politik Deutschlands in den Bereich der Erörterungen zu ziehen und es liegt mir völlig fern, hier in dieser Hinsicht tiefgehende Betrachtungen anzustellen. Aber die politische Spannung infolge der Marokkovorgänge, die sich im Laufe des Sommers durch eine plötzlich eintretende Panik an der Börse, durch Abhebung großer Beträge bei den kommunalen Sparkassen usw., auch in unserem wirtschaftlichen Leben sehr fühlbar machte, lassen es mir angezeigt erscheinen, mit einigen Worten auf diese Angelegenheit einzugehen.

Meine Herren! Die Frage, ob Deutschland in der Tat wirtschaftliche Interessen im westlichen Teile des Scherifenreiches habe, ist unter dem Eindruck der diplomatischen Verhandlungen, unter den verschiedensten Gesichtspunkten in Wort und Schrift erörtert worden. Die überwiegende Mehrheit der Ansichten ging dahin, daß es ein ein schweres taktisches Versehen, einen unberechenbaren Verlust für die deutsche Volkswirtschaft bedeuten würde, wenn man in Unterschätzung des Wertes des marokkanischen Bodenreichtums dieses Wirtschaftsgebiet nicht für Deutschland entsprechend sichern würde. Die gegenteilige Auffassung wurde allerdings mit größter Intensität von der Sozialdemokratie und ihrer Gefolgschaft vertreten, die sich hierbei wieder einmal Schlagworte, wie „koloniale Raub- und Beutepolitik", „Prozentpatrioten und ihre Söldlinge" leisteten; aber gerade diese Kundgebungen hätten für alle diejenigen, die den von dieser Partei von jeher in der deutschen auswärtigen Politik eingenommenen Standpunkt kennen, schon von vornherein aufklärend wirken sollen.

Meine Herren! Für zwei große Gebiete der deutschen Industrie ist das Wirtschaftsgebiet Marokkos unzweifelhaft von großer Bedeutung, für die Montan- und die Textilindustrie.

Für die erstere kommt von den reichen Bodenschätzen Marokkos das überaus reichhaltige Eisenerz in Betracht, von dem die angestellten Proben bei der Untersuchung in Düsseldorf 64 Prozent reines Eisen ergaben, während bei uns schon 40 Prozent als ein recht günstiges Verhüttungsergebnis gelten.

Deutschland ist das zweitmächtigste Eisenland der Welt. 1910 stellten die Vereinigten Staaten 27, Deutschland 14, England 10 Millionen Tonnen Roheisen her. Um für diese Mengen das nötige Rohmaterial herbeizuschaffen, muß, trotz des gegenwärtigen Besitzes an Eisenerzen in Deutschland selbst, eine regelmäßige und ungestörte Einfuhr stark in Rechnung gesetzt worden, und es ist daher, da vor allem Spanien mit Rücksicht auf seine politischen und wirtschaftlichen Verhältnisse allerhand Wechselfällen unterworfen ist, von der deutschen Eisenindustrie unbedingt freier Zutritt zu den aussichtsreichen Erzminen Marokkos gefordert worden.

In ähnlichem Maße, wie die Montanindustrie hat auch die deutsche Textilindustrie auf ein befriedigendes Ergebnis der diplomatischen Verhandlungen in der Marokkofrage Wert legen müssen. Es steht fest, daß das gleichmäßig warme Klima in Marokko, sowie die Bodenbeschaffenheit des Landes für Baumwollkulturen überaus günstig ist und daß die Schwierigkeiten der Plantagenanlagen in Marokko geringer sind als in unseren Kolonien Deutsch-Ostafrika und Togo.

Die Statistik unserer Handelsbeziehungen zeigt ferner, daß auf unsere Textilindustrie schon jetzt fast ein Drittel der gesamten deutschen Einfuhr nach Marokko entfällt und daß die Erzeugnisse der deutschen Textilindustrie denjenigen der französischen und englischen mit Erfolg Konkurrenz gemacht haben.

Meine Herren! Diese Tatsachen haben die Forderung nicht nur der auf die Verarbeitung ausländischer Rohprodukte, sondern auch der auf den Export angewiesenen deutschen Industrie wohl begründet erscheinen lassen, daß unsere großen wirtschaftlichen Interessen in Marokko unbedingt gewahrt würden, und diese Forderung hat der Centralverband durch seine an den Herrn Reichskanzler gerichtete Eingabe vom 19. August d. J. mit Nachdruck vertreten.

Ich überlasse es Ihrer Entscheidung, ob durch das gerade heute vor drei Tagen veröffentlichte deutsch-französische Marokkoabkommen diese Wünsche als erfüllt angesehen werden können. (Rufe: Nein!) Die französische Regierung hat sich zwar verpflichtet, die wirtschaftliche Gleichberechtigung der verschiedenen Nationen in Marokko anzuerkennen und dafür Sorge zu tragen, daß das Prinzip der offenen Tür, wie es schon in dem früheren deutsch-französischen Abkommen vom 9. Februar 1909 festgelegt war, durch keinerlei Maßnahmen beeinträchtigt wird. Diesen Zugeständnissen stehen aber auf der anderen Seite ganz außerordentliche Rechte gegenüber und Frankreichs unbeschränkte Machtvollkommenheit findet neben der Befugnis zur Erhebung einer doppelten Abgabe von den Produkten der Minenindustrie, wodurch eine jede lohnende Förderung ohne weiteres verhindert werden kann, wohl ihren stärksten Ausdruck darin, daß der französischen Regierung die Befugnis zuerkannt ist, zur Aufrechterhaltung der Ordnung und zur Sicherung wirtschaftlicher Transaktionen jederzeit marokkanisches Gebiet militärisch besetzen zu können. (Hört! hört!)

Die Frage wird daher wohl mit Recht aufgeworfen, ob es nicht möglich gewesen wäre, diese eminente Vorzugsstellung Frankreichs in Marokko zugunsten des deutschen Machtbereichs etwas mehr einzuschränken, wenn die Reichsregierung bei der Entwickelung der marokkanischen Frage von Anfang an die deutschen Ansprüche etwas stärker betont hätte und wenn sie das alte eherne Wort unseres großen Kanzlers sich zur Richtschnur genommen hätte, daß die großen Fragen der Zeit nicht durch Reden und Konferenzen erledigt werden, sondern daß hier einzig und allein die Tat die Hauptsache ist. (Lebhafter Beifall.)

Meine Herren! Das Gefühl, daß der Wille zur Tat in unserer äußeren wie inneren Politik sich nicht immer zur rechten Zeit geltend macht, daß hier ein männlicher Akkord nur selten noch erklingt, findet leider immer weitere Verbreitung in den Kreisen unserer Bevölkerung, und gerade auch auf wirtschaftlichem Gebiete mehren sich die Stimmen, die eine energischere Vertretung unserer Interessen verlangen. (Sehr richtig!)

So hat kürzlich die „Deutsche Industrie", das Organ des Bundes der Industriellen, anläßlich der Neuregelung der handelspolitischen Verhältnisse zwischen Holland und dem Deutschen Reiche unter Hinweis auf die Schwäche unserer zollpolitischen Stellung anderen Staaten gegenüber die Forderung erhoben, daß Deutschland, das mit einer Einfuhr von 9 Milliarden Mark der erste Käufer des Weltmarktes sei, dieses Gewicht fortan etwas mehr, als es bisher geschehen sei, in die Wagschale werfe.

Meine Herren! Einer solchen Forderung kann nur zugestimmt werden. Wenn aber der Bund der Industriellen, wie man nach seinen Darlegungen annehmen muß, die Hauptursache für unsere teilweise recht ungünstigen handelspolitischen Beziehungen in dem aus längst überwundenen Verhältnissen stammenden System der Meistbegünstigung erblickt, so vermag ich meinerseits dieses Urteil in solcher Allgemeinheit als zutreffend nicht zu erachten.

Das Exportbedürfnis der deutschen Industrie wächst in ganz außerordentlichem Maße, immer größere Teile unserer Gesamtproduktion müssen nach fremden Märkten abgesetzt werden. Will man also diese Absatzmöglichkeiten unserer Exportindustrie sichern, so ist hierfür nicht allein eine möglichst niedrige Bemessung der Zölle im Auslande maßgebend, sondern es ist vor allem auch eine Garantie dafür anzustreben, daß in bezug auf die Zollbelastung Deutschland von den Gegenkontrahenten nicht schlechter gestellt wird als jedes dritte Land. Die Meistbegünstigung ist daher gegenüber manchen Ländern und bei manchen Artikeln von mindestens ebenso großer Bedeutung als niedrige Zollbelastung und gerade der deutsche Export hat aus diesen Gründen besondere Veranlassung, auf Sicherung der Meistbegünstigung in vielen Fällen entscheidendes Gewicht zu legen. Nicht das System der Meistbegünstigung als solches, sondern die Art der Anwendung ist daher meines Erachtens die Ursache unserer vielerseits als unleidlich empfundenen handelspolitischen Zustände und es wird eine größere Vorsicht vor allem dahin zu üben sein, daß beim Abschluß von Tarifverträgen nicht Zollermäßigungen und Zollbindungen für Artikel eingeräumt werden, an denen das vertragschließende Land gar kein Interesse hat, die aber zufolge der Meistbegünstigung anderen Ländern ohne irgendwelche Gegenleistung sofort zugute kommen.

Meine Herren! Mit der Frage, inwieweit aus allen diesen Gründen unser handelspolitisches System einer Reform bedarf, hat sich die zwischen dem Centralverbande, der Zentralstelle für Vorbereitung von Handelsverträgen und dem Verein zur Wahrung der Interessen der chemischen Industrie Deutschland bestehende Interessengemeinschaft bereits seit längerer Zeit eingehend beschäftigt und es hat auch auf Grund einer umfangreichen Denkschrift in dieser Frage im Laufe des Sommers eine Besprechung zwischen Vertretern der Interessengemeinschaft und dem Herrn Staatssekretär des Innern stattgefunden. Diese Arbeiten der Interessengemeinschaft werden mit allen Kräften gefördert werden, da von seiten des Centralverbandes die hervorragende Bedeutung dieser ganzen Frage vollauf gewürdigt wird. (Bravo!)

Ich würde es mir gern zur Aufgabe gemacht haben, auf die Frage der Neuregelung unserer handelspolitischen Beziehungen und die in dieser Hinsicht gegenwärtig schwebenden Verhandlungen noch etwas näher einzugehen. Ich muß aber, da ich Ihre Beziehungen und die in dieser Hinsicht gegenwärtig schwebenden Verhandlungen noch etwas näher einzugehen. Ich muß aber, da ich Ihre Zeit schon überreichlich in Anspruch genommen habe, hiervon leider Abstand nehmen und kann nur einiges auf diesem Gebiet kurz streifen.

Das deutsch-kanadische Zollverhältnis ist bekanntlich im Frühjahr 1910 nur provisorisch geregelt, und zwar mit dem ausdrücklichen Vorbehalt, daß beide Teile darauf Bedacht nehmen würden, sobald als irgend tunlich über einen endgültigen Handelsvertrag in Unterhandlungen zu treten. Diese Unterhandlungen sind deutscherseits bisher nicht aufgenommen worden, weil man zunächst abwarten wollte, wie sich die Handelsbeziehungen zwischen Kanada und den Vereinigten Staaten gestalten würden. Dieser Grund des Abwartens ist daher gegenwärtig nicht mehr vorhanden. Der amerikanisch-kanadische Gegenseitigkeitsvertrag ist zwar in den Vereinigten Staaten vom Senat und Repräsentantenhaus angenommen worden. In Kanada hat er aber nach dem Ausfall der jüngsten Parlamentswahlen keine Aussicht auf Genehmigung. Zwischen den Vereinigten Staaten und Kanada bleibt somit das bisherige Zollverhältnis bis auf weiteres bestehen und es darf erwartet werden, daß die deutsche Regierung mit der Einleitung von Handelsvertragsverhandlungen mit Kanada nicht länger zögert. Diese Erwartung ist wohl um so mehr berechtigt, als noch in dieser Session sich der Reichstag mit der Verlängerung des deutsch-britischen Handelsprovisoriums zu befassen haben wird und hierbei für den Fall, daß Kanada die berechtigten handelspolitischen Forderungen der deutschen Regierung nicht anerkannt haben sollte, darauf Bedacht zu nehmen sein würde, Kanada ganz oder teilweise von den Begünstigungen auszuschließen, die dieses Provisorium Großbritannien und seinen Kolonialländern gewähren wird. (Sehr richtig!)

In gleicher Weise wird unsere Regierung ihr besonderes Augenmerk auch auf die Neuregelung unserer handelspolitischen Beziehungen zu den Niederlanden zu richten haben. Es unterliegt keinem Zweifel, daß der von der holländischen Regierung im April d. J. der Zweiten Kammer der Generalstaaten zur Beschlußfassung vorgelegte neue Zolltarif den Absatz der deutschen Ausfuhrindustrie auf dem niederländischen Markt empfindlich erschweren, andererseits aber auch, wie fast sämtliche Handelskammern in Holland anerkannt haben, dem holländischen Handel große Nachteile zufügen wird. Es ist daher wohl zu hoffen, daß die niederländische Regierung mehr als bisher zum Abschluß eines Handelsvertrages mit Deutschland geneigt sein wird und bezügliche Anregungen deutscherseits auf günstigen Boden fallen werden. (Zustimmung.)

In diesem Sinne ist der Centralverband Deutscher Industrieller bei dem Reichsamt des Innern auch bereits vorstellig geworden und hat nichts unversucht gelassen, in besonderen Eingaben die Interessen seiner Mitglieder wahrzunehmen. Gerade bei diesen Bemühungen hat es sich aber, ebenso wie seinerzeit bei den Verhandlungen über den deutsch-schwedischen Handelsvertrag — ich betone dieses hiermit nochmals ausdrücklich —, nicht so sehr um die Interessen der sogenannten Schwerindustrie, als vielmehr in allererster Linie um diejenigen der Fertigindustrie in fast allen ihren hauptsächlichsten Zweigen gehandelt und es würde auch in dieser Hinsicht mit Freude begrüßt werden, wenn der eine oder der andere Interessent sich hiervon durch die gern gewährte Einsicht in die Akten überzeugen wollte. Er würde alsdann wohl zu der Einsicht kommen, daß es lediglich der Agitation und den groben Entstellungen unserer Gegner zuzuschreiben ist, wenn bei einem Teile der Fertigindustrie immer noch die Meinung verbreitet ist, daß der Centralverband bei seiner Stellungnahme in handels- und zollpolitischen Fragen in einseitiger Weise die Interessen der schweren Industrie unterstütze und diejenigen der verarbeitenden Industrie vernachlässige oder sogar schädige.

Meine Herren! Wer diese Meinung geflissentlich immer weiter nährt, der sollte sich bewußt sein, daß er hierdurch die Aussichten auf einen Ausgleich der Gegensätze innerhalb der Industrie immer mehr erschwert und den wahren Interessen der Industrie in unverantwortlicher Weise entgegenarbeitet. Denn, meine Herren, allen denjenigen, die ernstlich um die Wahrung dieser Interessen bemüht sind, kann doch nur der eine Wunsch am Herzen liegen, daß die nächsten handelspolitischen Verhandlungen eine in sich geeinte Industrie finden, deren Einfluß imstande sein wird, die berechtigten Forderungen dieses mächtigen wirtschaftlichen Faktors auch entsprechend zur Geltung zu bringen. Dies wird aber nur dann möglich sein, wenn alle Kreise der Industrie, Rohstoff- und Fertigindustrie, zu der Einsicht kommen, daß nicht in der von wirtschaftlichen und politischen Gegnern unterstützten Betonung etwaiger Interessenverschiedenheiten, sondern nur in einer bei gutem Willen stets durchführbaren einheitlichen Wahrnehmung der Gesamtinteressen der deutschen Industrie die einzige Möglichkeit liegt, unsere handelspolitischen Verhältnisse so zu gestalten, daß den Bedürfnissen der Industrie wirklich Rechnung getragen wird. (Beifall.)

Daß aber der Centralverband Deutscher Industrieller diesen ehrlichen Willen und Wunsch hat, meine Herren, das betone ich hier in aufrichtigster Ueberzeugung und erkläre auch, daß der Centralverband stets bereit sein wird, in diesem Streben mit allen anderen wirtschaftlichen Verbänden, sei es der Bund der Industriellen oder der Hansabund, wo sich die Möglichkeit ergibt, gemeinsame Arbeit zum Wohle der Industrie zu leisten. (Beifall.)

Und wenn unsere Gegner, die den Centralverband in jahrelanger Fehde bekämpft und angegriffen haben, ihn in der letzten Zeit für eine jede Aeußerung der Tageszeitungen oder einzelner Persönlichkeiten, in denen sie ein Wort der Herabsetzung erblickten, verantwortlich gemacht haben, dann möchte ich Ihnen doch einmal die Frage entgegenhalten: „Wer und was ist denn eigentlich der Centralverband?"

Meine Herren! Der Centralverband ist nicht der Herr Vorsitzende, er ist nicht das Direktorium oder der Ausschuß und am allerwenigsten die Geschäftsführung. Der Centralverband ist die Zusammenfassung der Kenntnisse, der Erfahrungen und der Bestrebungen aller der hochgebildeten Männer, die in dem allergrößten und bedeutsamsten Teil der deutschen Industrie wirken und arbeiten; er vereinigt in sich einen großen, und ich darf wohl sagen, den maßgebenden Teil der deutschen Industrie, die nicht nur einen hochbedeutenden Faktor unseres Wirtschaftslebens, sondern auch einen hochbedeutenden Faktor unseres ganzen Staatswesens bildet. Und daher hat denn auch der Centralverband nunmehr 35 Jahre lang alle diese Angriffe und Befehdungen überstehen können, sie haben ihm nichts anzutun vermocht, und ich möchte mit der Hoffnung und der Ueberzeugung schließen, daß, wenn wiederum eine gleiche Spanne Zeit verlaufen sein wird, der Centralverband auf eine Vergangenheit zurückblicken kann, die es denen, die ihn dann bilden werden, möglich macht, zu sagen, wir haben, wie in den ersten 35 Jahren, zum Wohle der deutschen Industrie, zum Wohle der

Allgemeinheit und zum Wohle des Vaterlandes gearbeitet. (Lebhafter, lang anhaltender Beifall und Bravorufe.)

Vorsitzender: Meine Herren! Bevor ich die Diskussion über den von Ihnen eben mit so reichem Beifall aufgenommenen Vortrag unseres Herrn Geschäftsführers eröffne, möchte ich darauf aufmerksam machen, daß der erste Teil der Ausführungen in Verbindung mit den Schlußausführungen zur Vorlage eines Beschlußantrages Veranlassung gegeben hat und daß die Darlegungen über den Schutz der Arbeitswilligen einen zweiten Beschlußantrag gezeitigt haben, den Herr Regierungsrat Schweighoffer in seinem Vortrag schon erwähnt hat. Ich möchte mit Rücksicht auf das Vorliegen dieser beiden Beschlußanträge vorschlagen, mit der Diskussion so zu verfahren, daß wir zunächst in eine Generaldiskussion über den gesamten Geschäftsbericht und danach in die gesonderte Beratung dieser beiden Beschlußanträge eintreten. Ich eröffne die Generaldiskussion über den Geschäftsbericht des Herrn Regierungsrat Schweighoffer. Nun, meine Herren, es meldet sich niemand zum Wort. (Bravo!) Ich meine, das ist eigentlich die beste Kritik, die Sie in der Generaldiskussion an den Ausführungen üben können. (Bravo!) Wir treten in die Spezialdebatte ein, zunächst über den ersten Beschlußantrag. Dr. Schweighoffer verliest:

„Der Centralverband Deutscher Industrieller spricht sein Bedauern darüber aus, daß der durch sachliche Erwägungen veranlaßte Austritt einer Reihe von Industriellen aus dem Hansabunde eine gewisse Beunruhigung in einzelnen Kreisen der deutschen Industrie zur Folge gehabt hat und diese Beunruhigung durch unrichtige Darstellung der Gründe des Austritts noch verschärft worden ist.

Der Centralverband, welcher, wie seine Geschichte beweist, von jeher bestrebt war, dem einigen Zusammengehen sämtlicher Zweige der Industrie zu dienen, ist der Ueberzeugung, daß die aus Anlaß dieser Vorgänge gegenwärtig von einzelnen Seiten betriebene scharfe Betonung von Interessengegensätzen das Gesamtinteresse der Industrie auf das empfindlichste schädigen und schwere wirtschaftliche Nachteile zur Folge haben muß. Im Hinblick auf den in der letzten Zeit, namentlich auf dem Gebiete der Gesetzgebung immer mehr hervortretenden Mangel an Rücksichtnahme auf die industriellen Bedürfnisse erachtet der Centralverband ein Zusammengehen aller Zweige der Industrie in den sie gemeinsam berührenden Fragen für unerläßlich und richtet an die gesamte deutsche Industrie die dringende Bitte, die auf die Erreichung dieses Zieles gerichtete Tätigkeit des Centralverbandes mit allen Kräften zu unterstützen."

Landtagsabgeordneter Dr. **Beumer**-Düsseldorf: Meine Herren Ich weiß nicht, ob ich Ihrer Meinung entspreche, wenn ich es hier als wünschenswert bezeichne, daß wir in eine tiefere Erörterung dieses uns hier vorgeschlagenen Beschlußantrages wenigstens nach der Seite hin nicht eintreten, daß wir im einzelnen die in dem Streite zwischen dem Hansabund und dem zeitigen Vorsitzenden entstandenen Differenzen zum Gegenstand der Erörterung in einer Versammlung machen. (Zustimmung.) Ich will nach dieser Richtung hin nur feststellen, meine Herren, was vielfach in der Tagespresse übersehen worden ist, daß der Centralverband Deutscher Industrieller niemals Mitglied des Hansabundes war, sondern daß nur der Vorsitzende des Centralverbandes in das Direktorium des Hansabundes, aus den genügend von Herrn Generalsekretär Regierungsrat Dr. Schweighoffer dargelegten Gründen, eingetreten ist, daß aber andererseits der Centralverband sowohl in bezug auf die ihm angehörigen Verbände als auch auf die einzelnen Mitglieder in diesem Sommer niemals irgendwelchen Einfluß dahin ausgeübt hat, daß sie aus dem Hansabund austreten sollen. Der Centralverband hat nach dieser Richtung hin, wie ich glaube, eine viel größere Toleranz geübt, als sie von der anderen Seite beliebt worden ist, da ja bekanntlich von der anderen Seite vielfach an die Verbände sowohl wie an die Einzelmitglieder die Aufforderung zum Austritt aus dem Centralverband gerichtet wurde. Ich glaube, meine Herren, es ist wichtig, das in der heutigen Sitzung festzustellen.

Wenn ich Ihnen vorschlage, die Differenzen im einzelnen hier nicht zu besprechen, so treibt mich dabei der Wunsch, daß wir im Anschluß an das ausgezeichnete Referat des Herrn Generalsekretärs hier es lediglich als unsere Pflicht erachten, die schweren Angriffe zurückzuweisen, die der Centralverband in dieser Zeit des Kampfes erfahren hat, und zwar nach der Seite hin, daß er seine Pflicht der Industrie der Fertigfabrikate gegenüber nicht erfüllt habe.

Meine Herren! Ich habe bereits in der gestrigen Ausschußsitzung, in der der vorliegende Beschlußantrag besprochen wurde, mir gestattet, auf Grund der Mitwirkung, die unsere Verbände in Rheinland und Westfalen im Centralverbande geleistet haben, und unter Hinweis auf die außerordentlich dankenswerte Arbeit unseres Freundes Bueck, die er uns in der Geschichte des Centralverbandes geliefert hat, festzustellen, daß ein viel größerer Teil der Arbeit des Centralverbandes gerade der Industrie der Fertigfabrikate zugewandt worden ist, als der sogenannten schweren Industrie, und ich habe mir erlaubt — und ich bitte, das hier wiederholen zu dürfen —, darauf hinzuweisen, daß, wenn irgend jemand diese Erfahrung auf Grund bestehender Tatsachen zu machen in der Lage war, ich es gewesen bin, weil ich im Jahre 1902 der Zollkommission des Reichstags und nachher der Handelsvertragskommission eben dieser Körperschaft angehört habe. Meine Herren! Ich habe begreiflicherweise bei den außerordentlich umfassenden Ansprüchen, die an die Abgeordneten gestellt wurden, die diesen Kommissionen angehörten, meine Kenntnis zu bereichern gesucht an den zahlreichen Erfahrungen, die der Centralverband nach dieser Richtung hin durch eingehende Beratungen mit seinen Einzelmitgliedern und seinen Zweigverbänden gesammelt hatte, und gerade auf Grund dieser Erfahrungen, meine Herren, die ich da machen konnte, habe ich feststellen können, daß es der historischen Wahrheit unmittelbar ins Gesicht schlagen heißt, wenn man sagt, der Centralverband habe seine Pflicht gegenüber der Industrie der Fertigerzeugnisse nicht erfüllt und in einseitiger Weise die Interessen der schweren Industrie vertreten. Meine Herren! Ich schlage vor, jeden, der diese Behauptungen noch einmal wiederholt (Heiterkeit), aufzufordern, den Beweis dafür zu erbringen (sehr gut!), also in ähnlicher Weise zu verfahren, wie im Jahre 1896, wenn ich richtig gehört habe, verfahren worden ist. Die Herren werden sich ja auf dem Bureau des Centralverbandes von dem Gegenteil dessen überzeugen können, was sie jetzt in steter Wiederholung in Versammlungen und in der Presse nach dieser Richtung hin behaupten. Meine Herren! Solche Beschuldigungen gegen einen Verband erhebt man doch nicht, ohne im einzelnen dafür den Beweis anzutreten, und ich bin fest überzeugt, daß nicht allein ein Blick in die Geschichte des Centralverbandes, die unser Freund Bueck geschrieben, sondern auch in die Akten, die der Centralverband damals geführt hat, als es sich im Jahre 1902 um den neuen Zolltarif handelte, und später um die Handelsverträge, das Gegenteil dessen ergeben wird, was jetzt in so vielen Versammlungen gegen den Centralverband behauptet wird.

Das, meine Herren, ist der einzige Grund, weshalb ich mich hier zum Worte gemeldet habe, und ich würde erfreut sein, wenn der Ihnen vorgeschlagene Beschlußantrag möglichst einstimmig zur Annahme gelangte. Auch die hier anwesenden Delegierten, die der Fertigindustrie angehören, werden, wenn sie etwa der Meinung sind, es sei doch etwas Wahres an der Behauptung, der Centralverband habe die Interessen der Fertigindustrie nicht genügend vertreten, nicht umhin können, den Beweis im einzelnen hier zu führen, und auch in unseren Reihen, meine Herren, darf dieser Vorwurf, der, wie ich glaube nachgewiesen zu haben, nicht gerechtfertigt ist, nicht im allgemeinen erhoben, sondern er muß mit Tatsachen belegt werden, der Vorwurf, daß sich der

Centralverband jemals geweigert habe, die Interessen der Fertigindustrie zu vertreten, so gut er konnte.

Meine Herren! Ich möchte daran erinnern, daß es gerade der Centralverband Deutscher Industrieller gewesen ist, der sich die größte Mühe gegeben hat, vor 1902 das Schauspiel zu verhüten, das sich in der Zollkommission zwischen Spinnern und Webern abspielte. Er hat die Spinner und die Weber zusammen geladen und hat versucht, die Interessen zu vermitteln, während sich die Spinner und Weber in der Reichstagszollkommission so befehdeten, daß sogar zwei Mitglieder der Fraktion, der ich anzugehören die Ehre habe, unter einander in die heftigsten Kämpfe gerieten, weil der eine ein Spinner und der andere ein Weber war.

Dieses Schauspiel wird sich hoffentlich nicht nochmals wiederholen, wenn wir 1917 an einen neuen Zolltarif kommen, und ich kann die Herren Vertreter der Fertigindustrie nur bitten, bei der Bereitwilligkeit, wie sie der Centralverband in den 35 Jahren seiner fruchtbaren Tätigkeit gezeigt hat, die Interessen der verschiedenen Industriezweige so zu vertreten, wie er es nach Maßgabe der dabei in Betracht kommenden Verhältnisse tun kann, tunlichst mitzuarbeiten. Denn, meine Herren, ich glaube, auch darin hat ein Redner der gestrigen Ausschußsitzung vollständig recht gehabt, wenn er hervorhob, daß, wenn eine einzelne Industrie der Fertigerzeugnisse sich jetzt darüber beklagt, vom Centralverband nicht genügend berücksichtigt worden zu sein, das vielleicht daran liegt, daß diese Industrie sich nicht rechtzeitig mit ihren Ansprüchen gemeldet hat. Der Centralverband ist jedenfalls nach der fast 25jährigen Erfahrung, die auch ich nun in der Mitarbeit in ihm habe, stets bereit gewesen, alle Anträge, die an ihn gekommen sind, zu erörtern, einer Besprechung zu unterziehen und da, wo Gegensätze vorhanden waren, diese Gegensätze zu vermitteln.

Meine Herren! In diesem Sinne ist auch der Beschlußantrag gehalten, der Ihnen hier vorliegt. Zeigen Sie durch einstimmige Annahme, daß Sie nicht hierher gekommen sind, um kleine Differenzen zu erörtern, sondern um dem Ziele zu dienen, das der Herr Generalsekretär soeben am Schlusse seines Vortrages als das Ziel des Centralverbandes bezeichnet hat: zu dienen der gesamten deutschen Industrie, dem Gemeinwohl und unserem lieben deutschen Vaterlande. (Lebhafter Beifall.)

Fabrikbesitzer **Schürholz**-Hervest-Dorsten: Meine Herren! Ich möchte zu dem Beschlußantrag noch eine Ergänzung beantragen. Es würde in der weitesten Oeffentlichkeit nicht verstanden werden, wenn wir uns lediglich mit einer stillen Annahme des vorliegenden Beschlußantrages zufrieden geben würden. Das gesamte Direktorium, besonders der Vorsitzende des Centralverbandes, ist in der weitesten Oeffentlichkeit in einer Weise angegriffen worden, daß wir hier den Herren meiner Ansicht nach unser unerschüttertes Vertrauen zum Ausdruck bringen müssen. Der Vorsitzende und andere Mitglieder haben sich bei der Begründung ihres Austrittes aus dem Hansabund auf den Boden gestellt, den der Centralvorstand von jeher eingenommen hat: „daß die Aufrechterhaltung der Wirtschaftspolitik des Fürsten Bismarck nur im engen Zusammenschluß von Industrie und Landwirtschaft erfolgen kann; daß der Hauptfeind unserer staatlichen und wirtschaftlichen Ordnung die Sozialdemokratie ist und es energisch abzulehnen ist, daß wir Bestrebungen unterstützen, welche eine Ummodelung bestehender Zustände mit Hilfe der Sozialdemokratie ins Auge fassen." Das offene Bekenntnis zu diesen alten Grundsätzen des Centralverbandes seitens des Vorsitzenden und des Direktoriums findet unsere uneingeschränkte Zustimmung.

Der Beschlußantrag ist hiernach zu ergänzen.

Vorsitzender: Meine Herren! Ich möchte jetzt zu den Ausführungen des Herrn Vorredners das Wort nehmen, um zunächst dem Herrn zu danken für die gute Meinung, die durch seine Worte mir gegenüber durchgeklungen ist, dem Herrn gegenüber aber dasselbe wiederholen, was ich vor jetzt 11 Monaten ihm gegenüber Gelegenheit hatte, in diesem selben Raume auszusprechen. Ich sagte damals, wenn der verehrte Herr zu mir gekommen wäre und mit mir über die Sache, die damals zur Verhandlung stand, gesprochen hätte, dann hätte ich ihn gebeten, seine Worte lieber zu unterlassen, und so möchte ich auch jetzt die dringende Bitte an den Herrn richten, seinen Antrag zurückzuziehen. (Bravo!) Es ist bisher im Centralverband Deutscher Industrieller nicht üblich gewesen, daß einzelne Persönlichkeiten oder das Verhalten derselben einer Kritik im Centralverband selbst unterzogen worden sind, und das ist eine sehr gute Gepflogenheit. (Sehr richtig!) Wir, die wir durch das Vertrauen der Delegiertenversammlung in das Direktorium berufen worden sind, haben es nicht nötig, meine Herren (Generalsekretär Bueck-Berlin: sehr richtig!), uns von der Delegiertenversammlung ein Vertrauensvotum geben zu lassen, wie das bei anderen Verbänden manchmal üblich ist. Das ist in dem Vortrage des Herrn Regierungsrat Schweighoffer in schöner Weise zum Ausdruck gekommen. Wir stellen in dem Centralverband Deutscher Industrieller eine große geschlossene Einheit von einer großen Masse von Arbeitskraft, Intelligenz und Erfahrung dar, wo jeder mitarbeitet nach seinen besten Kräften und nach seinem besten Wissen, und so geschieht es in allen Kreisen des Centralverbandes, so geschieht es im Direktorium wie bei der Geschäftsführung, so wird es hoffentlich auch immer geschehen. (Sehr richtig!)

Aus diesen allgemeinen Gründen halte ich es auch des Beispiels wegen nicht für gut, wenn in einer Weise verfahren wird, wie sie der verehrte Herr Vorredner Ihnen eben vorgeschlagen hat. Ich möchte ihn also bitten, diesen seinen Antrag oder diese seine Anregung fallen zu lassen. (Sehr richtig!)

Direktor **Meesmann**-Mainz: Meine Herren! Obgleich der Herr Vorsitzende den Ausführungen des Herrn Vorredners seinerseits, ich möchte sagen, bereits die Spitze abgebrochen hat, glaube ich doch, zur Vermeidung eines mißverständlichen Eindrucks in der Oeffentlichkeit noch einige Worte dazu sprechen zu sollen.

Ich stimme dem Beschlußantrage, wie er hier vorliegt, durchaus bei und freue mich, daß gerade in der Fassung dieses Beschlußantrages vermieden worden ist, irgendwelche Stellungnahme zu den Differenzen, die sich bei den Vorgängen im Hansabunde gezeigt haben, zum Ausdruck zu bringen. (Sehr gut!) Meine Herren, ich will auch meinerseits auf diese sachlichen Differenzen nicht eingehen, weil ich es weder für nützlich noch für erforderlich halte. Ich erkläre nur, daß nach meiner Meinung die Mitgliedschaft bei dem Centralverbande Deutscher Industrieller und die Mitgliedschaft bei dem Hansabunde an sich keinen Gegensatz bedeutet. Ich glaube ferner, daß viele Mitglieder des Centralverbandes Deutscher Industrieller auch heute noch der Auffassung sind, daß der Hansabund, der unter Mitwirkung des Zentralverbandes seinerzeit gegründet worden ist, eine sehr ersprießliche Tätigkeit im Gesamtinteresse von Handel und Gewerbe entfalten kann. (Sehr richtig! Zuruf: Kann!) Meine Herren, es ist eine Sache der persönlichen Auffassung, ob man glaubt, nach der seitherigen Tätigkeit des Hansabundes eine weitere Mitarbeit ihm versagen zu sollen, und ich bringe ausdrücklich hier zum Ausdruck, daß ich die sachliche Ueberzeugung der Herren, die aus dem Hansabunde ausgetreten sind, durchaus hochschätze und hochhalte (Zustimmung) und weit davon entfernt bin, ihnen einen Vorwurf zu machen, wenn sie ihren Ueberzeugungen gefolgt sind. Ich bin aber andererseits der Meinung, daß viele Kreise, wie ich vorhin gesagt habe, nicht diese Konsequenzen ihrerseits ziehen, und daß auch gar keine Veranlassung vorliegt, daß der Centralverband sich mit derartigen Konsequenzen seinerseits identifiziert.

(Sehr richtig!) Aus diesem Grunde habe ich gerade diese Fassung, wie sie uns hier vorliegt, begrüßt.

Ich möchte aber, da ich das Wort habe, auch meinerseits noch zum Ausdruck bringen, daß, obwohl wir beispielsweise in dem Mittelrheinischen Fabrikantenverein unsere volle Unabhängigkeit stets bewahrt haben und bewahren werden in bezug auf die Vertretung der Interessen der bei uns vereinigten Industrien, es doch die Pflicht der Wahrheit gebietet, hier festzustellen, daß die Wünsche unserer Industriellen, die ja fast ausschließlich der Fertigindustrie angehören, im Centralverband stets ein williges Ohr und eine freundliche Aufnahme gefunden haben. (Bravo!) Ich habe bei Gelegenheit der Differenzen den Herren bei uns gesagt: Ich bin gern bereit, an der Tätigkeit des Centralverbandes Kritik zu üben, eine sachliche und auch unter Umständen scharfe Kritik, aber diese Kritik darf sich nicht stützen auf Verdächtigungen und Entstellungen, sondern sie muß sich stützen auf Tatsachen (Zustimmung), und ehe Sie also in eine solche Kritik eintreten, bitte ich, mir irgendwelche Tatsachen vorzubringen. Meine Herren, das ist nicht geschehen. Es ist nicht eine einzige Tatsache vorgebracht worden (hört! hört!), und ich kann nur meinem tiefen Bedauern darüber Ausdruck geben, daß eine Polemik, die nicht auf Tatsachen beruht, sondern auf Behauptungen, die erweislich nicht richtig sind (Generalsekretär B u e c k-Berlin: Lügen nennt man das!), es fertig gebracht hat, trotzdem einen Zwiespalt in gewisse Kreise der Industrie zu tragen.

Ich freue mich auch, daß in dem zweiten Absatz dieses Beschlußantrages ausgesprochen worden ist, daß es unbedingt nötig erscheint, eine Einigkeit in der Industrie zu erhalten, dieselbe mit allen Mitteln anzustreben, und ich stimme deshalb diesem Beschlußantrage, wie er hier vorliegt, bei und möchte dringend bitten, von irgendwelcher Aenderung abzusehen. (Lebhafter Beifall.)

Generalsekretär **Stumpf**-Osnabrück: Meine Herren! Es mag ja überflüssig sein, zur Sache überhaupt noch etwas zu reden, aber ich kann es doch nicht unterlassen, nachdem Herr Abgeordneter Dr. B e u m e r auf die Verhandlungen wegen des Zolltarifs im Jahre 1902 hingewiesen hat, auch noch als Zeuge einer weiter zurückliegenden Vergangenheit hier vor Ihnen aufzutreten. Als vor 35 Jahren der Centralverband unter meiner bescheidenen Mitwirkung gegründet wurde, da war der große begeisternde Gedanke, von dem die deutsche Industrie erfaßt wurde, d e r, daß endlich einmal ein Organ geschaffen werden solle, in dem alle, stellenweise anscheinend auch gegensätzliche Interessen vertretende Zweige unserer heimischen Arbeit sich zur solidarischen Wahrung ihrer Interessen zusammenfinden könnten. Meine Herren, als damals der Zolltarif des Jahres 1879 gebaut und beraten wurde, da gab es in der Industrie, in der Fertigindustrie und in der Rohstoffindustrie, selbstverständlich genau die nämlichen Gegensätze oder, besser gesagt, auseinandergehenden Wünsche, die heute vorhanden sind. Und wenn wir dann gleichwohl in Deutschland zu einem Zolltarif gekommen sind, der uns nach der wirtschaftlichen Seite hin so groß und glänzend emporgehoben hat, dann, meine Herren, ist das sehr wesentlich dem Centralverbande zu danken gewesen, in welchem es — ich gebe zu, unter heißen Mühen — gelang, diese Gegensätze, soweit wie irgend möglich, auszugleichen. Meine Herren, es hat da Tage, Stunden gegeben — dessen erinnere ich mich genau, denn ich war damals Geschäftsführer des eben neu gegründeten Verbandes Deutscher Leinenindustrieller und des Vereins Deutscher Eisengießereien —, da standen sich auch Verbraucher und Erzeuger des Rohstoffes und Halbfabrikats nicht eben freundlich gegenüber. Aber, meine Herren, damals hatte man noch die glückliche Einsicht, daß nur die Anerkennung der beiderseitigen Interessen, die gegenseitig entgegenkommende Rücksichtnahme wirklich zu einem fruchtbaren Ergebnis führen könne. Und dafür der richtigen Auffassung zum Siege verholfen zu haben, das ist eben, wie gesagt, nach meinen Erinnerungen tatsächlich der Erfolg und das Verdienst des Centralverbandes gewesen, in dem auch damals die Fertigindustrie in weit überwiegendem Maße vertreten war gegenüber der Rohstoffindustrie.

Meine Herren, derselbe Gedanke, der damals unsere Industrie so begeisterte, daß er den Centralverband zusammenschloß, hat auch bei der Gründung des Hansabundes vorgelegen. Ich gebe zu, daß man nach und nach erkennt, welche kolossalen Schwierigkeiten in einer Zusammenfassung so vieler verschiedenartiger Interessen vorliegen. Aber das können wir nicht leugnen, meine Herren: Es ist der begeisternde Inhalt dieses Gedankens gewesen, der damals dem Hansabunde so große Mengen von Mitgliedern aus der deutschen Industrie und aus dem ganzen gewerbtätigen Volke zugeführt hat. Und wenn heute, meine Herren, auf Grund von Tatsachen, deren Charakter und Bedeutung ich, nachdem uns die Sachlage genau auseinander gesetzt worden ist, nicht verkenne, auch das tiefste Bedauern darüber empfunden werden muß und darf, daß infolge jener Vorgänge eine Zersplitterung in Kreise gebracht ist, die doch eigentlich zusammenhalten sollten, dann, meine Herren, kann ich mich nur freuen, daß in unserem Beschlußantrage vom Centralverbande eine so vornehme

Stellung eingenommen worden ist (Beifall). In gleichem Sinne muß ich unserem Herrn Geschäftsführer den aufrichtigen Dank dafür sagen, daß er in seinen Ausführungen in so gediegener, objektiver und nach keiner Seite hin verletzender oder angreifender Weise die an sich wenig erquickliche Angelegenheit behandelt hat. (Beifall).

Meine Herren, es ist nach meinem Empfinden heute ein erhebender Tag im Centralverband, ein erhebender Tag aus dem Grunde, weil der Centralverband allen Anwürfen gegenüber einmal wieder beweist, daß er sine ira et studio lediglich das hehre Ziel im Auge hält, die Interessen der heimischen Arbeit zu fördern. Ich bin auch überzeugt, an diesem Ziele wird im Centralverbande auch dann keiner irre werden, wenn wir einmal auf dem Wege, den wir zu gehen haben, mit dem Hansabunde oder mit irgend einer anderen Vereinigung in der Richtung zu gleichen Zielen zusammentreffen sollten. Der Umstand, daß man uns von anderen Seiten auch ferner ohne Grund weiterbekämpfen wird, darf uns dabei nicht stören.

Ich kann mich daher nur den Stimmen anschließen, die Ihnen die rückhaltlose Annahme dieses Beschlußantrages empfehlen. (Beifall.)

Fabrikbesitzer **Schürholz**-Hervest-Dorsten: Nachdem mir von dem Herrn Vorsitzenden die Aufklärung geworden ist, daß es einer alten Gewohnheit des Centralverbandes widerspricht, Persönlichkeiten in der Weise, wie ich es vorgeschlagen habe, das besondere Vertrauen der Delegiertenversammlung zum Ausdruck zu bringen, ziehe ich selbstverständlich im Interesse der Gesamtheit und einer einheitlichen Beschlußfassung meinen Antrag zurück (Bravo!), gebe aber persönlich meiner Freude darüber Ausdruck, daß Herr Landrat Rötger und die anderen Herren mit ihrer Begründung weiten Kreisen der Industrie aus dem Herzen gesprochen haben.

Vorsitzender: Meine Herren, es meldet sich niemand mehr zum Wort. (Bravo!) Ich gebe Herrn Regierungsrat Schweighoffer das Schlußwort zu dem Antrage.

Geschäftsführer Regierungsrat a. D. Dr. Schweighoffer-Berlin: Ich verzichte.

Vorsitzender: Ich bringe nun den Beschlußantrag zur Abstimmung. Wünschen die Herren, daß er noch einmal verlesen wird? (Wird verneint.) Ein Amendement liegt nicht vor. Diejenigen Herren, welche gegen die Annahme des Beschlußantrages sind, bitte ich, sich zu erheben. — Der Antrag ist einstimmig angenommen. (Lebhafter Beifall.)

Wir kommen nun zum zweiten Antrage.

Geschäftsführer Regierungsrat a. D. Dr. jur. Schweighoffer-Berlin (liest):

„**Angesichts der immer drohender werdenden Gestaltung der Arbeitskämpfe und des immer rücksichtsloseren Machtgebrauchs der Streikgewerkschaften erachtet der Centralverband Deutscher Industrieller es für unbedingt erforderlich, daß die Verbündeten Regierungen tunlichst bald und energisch dafür Sorge tragen, durch gesetzliche Maßnahmen die Freiheit der Arbeit wirkungsvoller, als es bisher geschehen ist, zu schützen und damit die der Sozialdemokratie und ihren Gewerkschaften noch nicht verfallenen Arbeiter vor dem Terrorismus dieser Partei und ihrer Organisationen zu bewahren. Der Erlaß derartiger gesetzlicher Maßnahmen liegt im eigensten Interesse der Arbeiterschaft wie im Interesse der staatlichen Ordnung. Die schrankenlose Weiterentwickelung des sich ständig verschärfenden Klassenkampfes wird der Industrie die Aufgabe, der nationalen Wohlfahrt zu dienen, immer mehr erschweren, wenn nicht eines Tages ganz unmöglich machen.**"

Vorsitzender: Ich eröffne die Diskussion.

Generalsekretär Freiherr **von Reiswitz**-Hamburg: Meine Herren! In außerordentlich anschaulicher Weise hat Herr Regierungsrat Dr. Schweighoffer die Notwendigkeit besonderer Schutzmaßregeln der in Rede stehenden Art dargetan. Aber, meine Herren, ich möchte dabei doch einen gelinden Zweifel darüber nicht unterdrücken, ob binnen absehbarer Zeit die jetzt vorhandenen gesetzgebenden Körperschaften geneigt und überhaupt imstande sein werden, wirklich derart ausreichende Schutzmaßregeln, wie wir sie erhoffen, zu schaffen. Meine Herren! Ich glaube, ehrlich gestanden, daß trotz aller Anträge vorläufig alles beim alten bleiben wird: was wir wünschen, das wird zunächst sicherlich ein frommer Wunsch bleiben. Wir wollen hierbei gar nicht einmal auf die wahrscheinliche Zusammensetzung des jetzt kommenden Reichstages Bezug nehmen, bei der es doch wohl kaum allzuviel Aussicht geben wird, daß ein Gesetz zustande kommt, welches der Sozialdemokratie irgendwelchen Abbruch zu tun geeignet ist. Die Sache liegt eben so, daß die juristischen Handhaben zu einer solchen Gesetzgebung schon an und für sich etwas brüchiger Natur sind. Wird wirklich irgend ein Gesetz geschaffen, so wird die Sozialdemokratie, die ja über vorzüglich ausgeruhte Köpfchen verfügt in ihren Reihen (Heiterkeit), es sicherlich sehr bald verstehen, das Gesetz in irgend einer Weise alsbald zu umgehen.

Meine Herren! Trotzdem soll man natürlich unter keinen Umständen erlahmen in der Mühe, die man sich bisher gegeben hat, und die man sich weiter zu geben gedenkt. Es muß immer wieder darauf hingewiesen werden, die Oeffentlichkeit und der Staat müssen darauf aufmerksam gemacht werden, welchen Gefahren sie und wir alle entgegengehen.

Gleichzeitig möchte ich aber die Gelegenheit benutzen, um an den „Passauer Zettel" zu erinnern, der hieb- und schußfest machen sollte und von den Landsknechten eifrig begehrt wurde. Da stand, meine Herren, trocken und gut deutsch: „Hundsfott wehr dich!" Ich glaube, wir sollten uns die Bedeutung dieses Spruches auch unsererseits etwas zu Gemüte führen und immer wieder von neuem in Erwägungen darüber eintreten, wie wir es denn anfangen können, unsere Wehrhaftigkeit zu stärken. Ich glaube, daß uns da in der Tat noch recht viel zu tun übrig bleibt, und daß erst das, was da getan werden kann, die geeignete Grundlage abgeben wird, um die von uns erhofften gesetzlichen Maßregeln in zweckentsprechender Weise einzuleiten und auszugestalten. Meine Herren! Wir brauchen vor allem mehr Schutz der schwächeren Arbeitgeber durch die stärkeren, wir brauchen die Konzentration der gesammten Streikabwehr-Organisationen, Schutz der national gesinnten Arbeiter durch die einzelnen Arbeitgeber und in erster Linie die Beschaffung wirklich ausreichender Geldmittel zur sozialpolitischen Kriegführung! Werden wir uns derart mehr daran gewöhnt haben, unsere Kräfte ausreichend zu gebrauchen — glauben Sie, meine Herren, es wird dann dazu kommen, daß wir die Regierungen, die uns doch nicht recht helfen zu wollen scheinen, gar nicht mehr mit so vielen Anträgen zu belästigen brauchen. Vielleicht werden dann die Regierungen sogar gerade infolge unserer größeren Machtvollkommenheit und Kraftentfaltung veranlaßt, die Durchführung solcher Schutzgesetze, die sie bisher nicht zu schaffen wagten, endlich ganz von selbst in Angriff zu nehmen.

Aber, meine Herren, ich möchte, wie gesagt, die Gelegenheit benutzen, auch in diesem Kreise noch einmal dafür einzutreten: Benutzen wir die kommende Zeit nicht nur zu Anträgen gesetzgeberischer Art, sondern auch zur Rüstung, zur Stärkung unserer eigenen Reihen! Denn wir gehen — ich glaube, das hat Herr Regierungsrat Dr. Schweighoffer in unwiderleglicher Weise dargetan — Zuständen entgegen, gegen die die heutigen wahrscheinlich noch ein Kinderspiel sind. Die eigentlichen Kämpfe auf sozialem Gebiet stehen uns noch bevor! (Beifällige Zustimmung.)

Generalsekretär **Bueck**-Berlin: Meine Herren! Ich stimme mit dem Herrn Vorredner ganz überein, daß sehr wenig Hoffnung vorhanden ist, daß unsere Bestrebungen, einen größeren Schutz der Arbeitswilligen zu erreichen, Erfolg haben werden. Noch mehr aber stimme ich ihm darin bei, daß wir beileibe nicht erlahmen dürfen, auf diesem Gebiet immer aufs neue unsere Forderungen zu stellen und Gründe für diese Forderungen beizubringen, wie das in höchst umfassender Weise seitens des Centralverbandes in diesem Jahre geschehen ist, und wie das mit Ihrer Unterstützung auch weiter geschehen muß — ich meine mit Ihrer Unterstützung, indem Sie den Centralverband immer auf dem Laufenden erhalten über Vorgänge auf diesem Gebiet und ihm in jedem Falle mitteilen, wo eben sich der Schutz der Arbeitswilligen, überhaupt der nichtorganisierten Arbeiter als notwendig herausstellt, und daher schließe ich mich auch der Bitte an, die an Sie gerichtet worden ist, diese Resolution tunlichst einstimmig anzunehmen.

Nun bin ich keinen Augenblick darüber im Zweifel, daß, wenn diese Resolution heute angenommen wird, morgen in der uns unfreundlich gesinnten, namentlich der hauptstädtischen, der Berliner Presse, ganz besonders aber im „Berliner Tageblatt" (Heiterkeit), das ja, beiläufig bemerkt, auch das Leiborgan des Hansabundes ist, stehen wird, daß der Centralverband wieder seine außerordentliche Scharfmacherei in dem Verlangen nach Ausnahmegesetzen gegen die Arbeiter betätigt hat. Nun, meine Herren, glaube ich, versichern zu können, daß, solange ich die Geschäfte des Centralverbandes führte, ich davon überzeugt war, daß von den leitenden Kreisen des Centralverbandes und wohl auch von seinen Mitgliedern niemals Ausnahmegesetze gegen die Arbeiter verlangt worden sind. Ich habe den großen Vorzug, auch heute noch dem Centralverbande so nahe stehen zu dürfen, daß ich dasselbe auch für die Gegenwart versichern kann. Wenn der Centralverband damals die sogenannte Zuchthausvorlage, das Gesetz zur Sicherung des gewerblichen Arbeitsverhältnisses, mit allen ihm zu Gebote stehenden Mitteln unterstützt hat, so hat er das getan in der Ueberzeugung, daß das kein Ausnahmegesetz war. Es ist ja freilich schon als ein solches verrufen gewesen, ehe es bekannt geworden war. Da hatte sich schon ein Sturm dagegen, nicht nur in der Sozialdemokratie, sondern in den liberalen bürgerlichen Kreisen und auch in anderen Parteien erhoben, ein Sturm von solcher Mächtigkeit, daß, als das Gesetz seinem Wortlaute nach bekannt wurde, es eigentlich schon lange in Grund und Boden verurteilt und verdammt war und eigentlich niemand mehr Veranlassung hatte, sich mit dem Inhalt eingehend bekannt zu machen. Nur so konnte es kommen, daß wirklich hervorragende Abgeordnete, wie Bassermann, wie der verstorbene Lenzmann, der große Wortführer der linksliberalen Partei, dieses

Gesetz als ein Ausnahmegesetz bezeichneten und als ein solches, durch das das Koalitionsrecht eingeschränkt werden sollte. Beides war nicht der Fall. Damals, als dieses Gesetz in einer außerordentlich bedeutenden und ungemein zahlreich besuchten Delegiertenversammlung des Centralverbandes behandelt wurde, hat Herr Geheimer Regierungsrat Koenig über den geschichtlichen Teil referiert, und mir war das Referat über das Gesetz selbst übertragen worden. Da habe ich den Nachweis geführt, daß das damalige Gesetz zum Schutze des gewerblichen Arbeitsverhältnisses weder ein Ausnahmegesetz noch ein Gesetz zur Beschränkung der Koalitionsfreiheit war. Die Beweise, die ich in diesem Referat gebracht habe, sind nirgends widerlegt worden, es ist auch nicht der Versuch gemacht worden, sie zu widerlegen, auch nicht von den damals wegen ihres leichtfertigen Urteils von mir scharf angegriffenen Abgeordneten; dennoch heißt es auch jetzt noch immer infolge jener Tätigkeit des Centralverbandes, daß er gewillt sei, Ausnahmegesetze gegen die Sozialdemokratie und gegen die Arbeiterschaft überhaupt zu erlangen.

Meine Herren, wir sind im Centralverband überzeugt, daß auf dem Wege der Gesetzgebung, die für alle ohne Ausnahme gilt, solche Bestimmungen zu treffen sind, die die Macht der Sozialdemokratie soweit einschränken, daß sie eben den Schutz für die arbeitswilligen und für die unorganisierten Arbeiter überhaupt enthalten. Namentlich sind wir der Ueberzeugung, daß bei der bevorstehenden Revision unserer Strafgesetzgebung solche Bestimmungen zu treffen sind, und unsere Bitten gehen ja auch darauf hinaus, daß die Strafgesetzbestimmungen in der von mir angedeuteten Weise geändert werden möchten.

Ich habe mich lediglich zum Wort gemeldet, meine Herren, um darauf vorzubereiten, der Oeffentlichkeit bekannt zu machen, daß morgen wieder in den Zeitungen zu lesen sein wird: Der scharfmacherische Centralverband verlangt wieder Ausnahmebestimmungen. Lassen Sie sich aber dadurch nicht einschüchtern, meine Herren. So wird es immer vom Centralverband heißen. Seine Gegner sind zu wenig gewissenhaft, um nicht solche ungerechten Behauptungen stets zu wiederholen, auch wenn sie jahraus jahrein widerlegt werden, ebenso wie der eben besprochene Vorwurf, daß der Centralverband sich nur mit der Schwerindustrie beschäftige und nichts für die weiterverarbeitende mittlere und Kleinindustrie übrig habe. Der Vorwurf wird vom Bund der Industriellen seit 15 Jahren erhoben und ist von uns bei jeder Gelegenheit ähnlich widerlegt worden, wie es heute durch so bewährte Mitglieder geschehen ist, und, meine Herren, es hat nichts geholfen. Diese und andere unrichtigen, verleumderischen Behauptungen werden in jeder

Versammlung der Gegenseite mit frechem Gewissen, möchte ich beinahe sagen, wiederholt und ohne zu erkennen, wessen man sich durch solche falschen Angaben schuldig macht. Und so, meine Herren, wird der Centralverband auch als Scharfmacher und als Feind der Arbeiterschaft fort und fort bezeichnet werden, obgleich er gerade bei der unvergleichlich bedeutungsvollen deutschen sozialpolitischen Gesetzgebung, wie es mein Herr Nachfolger heute so überzeugend dargelegt hat, so viel getan hat wie kein anderer Verband, den wir auf irgend einem Gebiete des deutschen Wirtschaftslebens haben.

Also, meine Herren, ich möchte mich denen anschließen, die die Bitte an Sie richten, diese Resolution, mögen Folgen für uns kommen wie sie wollen, einstimmig anzunehmen. (Beifall.) Was die betreffenden Zeitungen morgen schreiben werden, das schütteln wir ab, meine Herren, das haftet uns nicht an und das kann uns nicht hindern, auf unserem Wege, den wir als richtig erkennen, immer weiter fortzuschreiten. (Beifall.)

Buchholz-Wilmersdorf-Berlin: Meine Herren! Herr v. Reiswitz, Generalsekretär des Hamburger Arbeitgeberverbandes, hat vorhin erklärt, daß der Kampf auf sozialpolitischem Gebiet jetzt erst recht losgehen wird, und daß wir in diesem Kampf ungeheuer schweren Zeiten entgegengehen; „wir müssen für eine Verstärkung des Centralverbandes sorgen," so führte er aus. Ich stimme diesen Ausführungen des Herrn v. Reiswitz vollständig zu. Es ist vorhin schon betont worden, daß innerhalb des Centralverbandes die Industrie selbst erst einmal einig sein muß, um den gemeinsamen Kampf gegen die Sozialdemokratie aufzunehmen. So müssen wir aber andererseits auch die Reihen des Centralverbandes dadurch stärken, daß wir uns nach Bundesgenossen umsehen, die den gleichen Zweck verfolgen wie wir, nämlich die Abwehr des Streikterrorismus gegen die Arbeitswilligen. Ich denke hierbei an das gesamte deutsche Gewerbe, nicht allein die Industrie, sondern auch an alle die Handwerker-Organisationen; und ich würde es mit Freuden begrüßen, wenn der Centralverband mit diesen Verbänden Fühlung nehmen würde, um einmal gemeinsam mit ihnen den Kampf gegen die Sozialdemokratie aufzunehmen und zum anderen auch gemeinsam bei der Regierung in diesem Punkte vorstellig zu werden.

Um auch nach außen hin zu beweisen, meine Herren, daß Sie damit einverstanden sind, und daß Sie nicht allein, wie das leider ja der Industrie oft vorgeworfen wird, an Ihre eigenen Interessen denken, beantrage ich, einen Zusatz zu machen im letzten Satz: „Die schrankenlose Weiterentwickelung des sich ständig verschärfenden Klassenkampfes wird der Industrie" — da möchte ich bitten zuzusetzen: „wie dem gesamten heimischen Gewerbe" und dann weiter „die Aufgabe, der nationalen Wohlfahrt zu dienen, immer mehr erschweren, wenn nicht eines Tages ganz unmöglich machen."

Meine Herren! Sie würden damit nach außen hin viel Gutes wirken, und ich bin überzeugt, daß, wenn Sie diesen Zusatz annehmen, die verschiedenen Organisationen auch an Sie herantreten werden, um in dieser Sache mit Ihnen gemeinsame Schritte zu unternehmen. (Beifall.)

Vorsitzender: Meine Herren! Es meldet sich niemand mehr zum Wort. Ich schließe dann die Diskussion und gebe das Schlußwort Herrn Regierungsrat Schweighoffer.

Geschäftsführer Regierungsrat a. D. Dr. **Schweighoffer:** Ich verzichte.

Vorsitzender: Meine Herren! Es ist ein Aenderungsantrag oder Zusatzantrag genauer gesagt, zu dem Beschlußantrag gestellt worden von Herrn Buchholz, in der drittletzten Zeile nach „Industrie" die Worte einzuschieben „wie dem gesamten heimischen Gewerbe". (Bravo.) Es ist das der weitestgehende Antrag, und ich werde ihn zunächst zur Abstimmung bringen.

Diejenigen Herren, welche gegen die Annahme des Beschlußantrages, wie er vorliegt, mit diesem Zusatz sich aussprechen wollen bitte ich, sich zu erheben.

Meine Herren! Der Antrag ist einstimmig mit dem Zusatz des Herrn Buchholz angenommen. (Beifall.)

(Einstündige Pause.)

Vorsitzender: Meine Herren! Ich gebe das Wort zu dem dritten Punkt der Tagesordnung:

Der Entwurf eines Versicherungsgesetzes für Angestellte

dem Herrn Referenten, Professor Moldenhauer.

Referent Professor Dr. **Moldenhauer**-Köln: Meine Herren! Der Centralverband Deutscher Industrieller hat in seiner letzten Delegierten-Versammlung am 28. April d. J. einstimmig eine Resolution angenommen, in der er den damals vorliegenden Entwurf eines Versicherungsgesetzes für Angestellte als eine ungeeignete Lösung dieser ganzen Frage erklärte. Er hat das damals getan aus einer Reihe von Erwägungen heraus, die ich deshalb hier noch einmal kurz zusammenfassen will, weil die damaligen Erwägungen, von einer Ausnahme abgesehen, auch auf den vorliegenden, den jetzigen zweiten Entwurf, zutreffen.

Die erste Erwägung war eine solche grundsätzlicher Natur. Der Centralverband fand damals, daß man mit dem Gesetzentwurf, der Angestellte bis zu 5000 M. dem Versicherungszwang unterwirft, über das Bedürfnis hinausgeht, daß man den Rahmen der Arbeiterversicherung, so, wie er in der Allerhöchsten Botschaft vom 17. November 1881 vorgezeichnet ist, weit überschreitet, indem man den Zwang auf Personen ausdehnt, die für sich selbst sorgen können. In dieser grundsätzlichen Auffassung hat der Centralverband Deutscher Industrieller nicht nur bei den anderen großen wirtschaftlichen Korporationen, insbesondere dem Deutschen Candelstag, Zustimmung gefunden, sondern auch die im September d. J. stattgefundene Internationale Konferenz für die Arbeiterversicherung, in der Sozialpolitiker aller Länder vertreten waren, hat in ganz ähnlichem Sinne sich ausgesprochen, daß nur für die Hilfsbedürftigen, die aus eigener Kraft sich nicht helfen können oder denen die Einsicht fehlt, eine Zwangsversicherung vorzusehen ist, daß dagegen für alle übrigen die freiwillige Versicherung eintreten müsse, die entsprechend auszubauen sei.

Das war das grundsätzliche Bedenken, das der Centralverband gegen den damaligen Entwurf hegte, und das natürlich gegen den vorliegenden, der in dieser Beziehung nicht geändert ist, in gleichem Maße geltend zu machen ist.

Dann aber war es eine Reihe von Bedenken, die sich gegen die Form dieser Versicherung wandten, die ja die einer Sonderversicherung ist, derart, daß alle Angestellten in einer besonderen Versicherung zusammengefaßt werden, so daß ein Teil — wir schätzen ihn heute auf etwas über die Hälfte -- sogar doppelt versichert ist, bei den Landesversicherungsanstalten entsprechend der Reichsversicherungsordnung und nach den Bestimmungen des künftigen Angestelltenversicherungsgesetzes. Die Bedenken, die gegen diese Sonderversicherung geltend gemacht wurden, betrafen einmal die große Schwierigkeit, die Angestellten von den Arbeitern abzugrenzen. Man hat ja Begriffsbestimmungen versucht. Wir finden in dem § 1 des Gesetzes eine Bestimmung, daß Angestellte in einer ähnlich gehobenen oder höheren Stellung wie die Betriebsbeamten und Werkmeister versichert sein sollen. Nun ist mittlerweile der Streit darüber entstanden, — wie wir es seit Jahren vorausgesehen haben, — wer nun in einer derartigen Stellung sich befindet, und durch die Erklärung der Regierung in der Kommission — ich muß mich natürlich hier auf die Zeitungsberichte stützen, die aber ziemlich zuverlässig zu sein scheinen — ist die Frage durchaus nicht geklärt. Da hat ein Regierungsvertreter ausgeführt, der Begriff sei so zu verstehen, daß gewisse Vorgesetzteneigenschaften zu verzeichnen seien, daß der Betreffende gewisse Aufträge zu erteilen habe, und der Ministerialdirektor Caspar hat davon gesprochen, es müsse sich um Personen handeln, die eine Vertrauensstellung besitzen.

Es ist nun unendlich schwer, in der Praxis festzustellen, ob derartigen Anforderungen entsprochen ist. Wie werden Sie das im einzelnen ermitteln wollen, ob ein Bureauangestellter oder ein im Betriebe Beschäftigter eine Vertrauensstellung oder eine ähnlich gehobene Stellung einnimmt? Ich habe mir eben einmal während des Frühstücks durch den Kopf gehen lassen, wie ich nun die Kellner, die uns bedienten, klassifizieren sollte. (Heiterkeit.) Ich habe mir gesagt: Ein Kellner, dem ich die Zusammenstellung des Menüs überlasse und dem ich mich auch in der Auswahl des Weines anvertraue, genießt doch eine gewisse Vertrauensstellung (Heiterkeit), so daß ich ihn unter die Angestellten zählen würde, während, wenn ich mich nur auf ein festes Menü verlasse und im übrigen nach der Weinkarte gehe oder nach meinen eigenen Erfahrungen, ich ihm diesen Charakter nehmen würde. Das ist nur ein Beispiel für viele andere, die man hier anführen könnte.

Man hat sich nun in der Kommission zunächst damit geholfen, daß man den Antrag angenommen hat, überhaupt alle Bureauangestellten in die Versicherung hineinzuziehen, obgleich die Regierung sich dagegen gewehrt und erklärt hat, dann fielen die Lehrlinge auch darunter, ferner Personen, die lediglich damit beschäftigt sind, die Oefen anzumachen und das Bureau rein zu halten und dergleichen mehr. Und das ist ja auch sicher: Wenn wir hier den Begriff so ganz weit ausdehnen, dann greifen wir ja bereits in die Arbeiterklasse hinüber. Dann ist es aber ungerecht, auf anderen Gebieten wiederum den Begriff so außerordentlich eng zu ziehen. Man hat deshalb schließlich diesen Beschluß angenommen in der Erwartung, daß sich bis zur zweiten Lesung ein besserer Begriff findet. Ob er mittlerweile sich gefunden hat, darüber bin ich nicht orientiert. Daß man seit Jahren nach einem solchen Begriff sucht, weiß ich, und daß man ihn seit Jahren noch nicht gefunden hat, ist ebenfalls bekannt. Die Oesterreicher haben sich ja da mit dem Begriff der vorwiegend geistigen Tätigkeit geholfen, aber sind nun in noch viel größere Schwierigkeiten geraten (Heiterkeit), in so große Schwierigkeiten, daß, wie der österreichische Bericht für das Jahr 1910 sagt, ein sehr beträchtlicher Teil der Versicherten bis jetzt noch nicht angemeldet ist, also nach zweijährigem Bestehen der Versicherung! Mit auf diesen Umstand, wenn auch nicht allein, ist es zurückzuführen, daß von 41½ Millionen vorgeschriebener Prämien am Ende des Jahres 1910, also nach zwei Jahren, noch

13 Millionen oder 31,43 % rückständig waren. Was wir schon seit Jahren von dieser großen Schwierigkeit der Abgrenzung der Angestellten von den Arbeitern vorausgesagt haben, das finden wir in Oesterreich bestätigt, und das werden wir im einzelnen in Deutschland auch wieder bestätigt finden.

Wir könnten uns ja schließlich mit solchen Schwierigkeiten abfinden, indem wir darauf vertrauen, daß im Laufe der Jahre oder Jahrzehnte doch allmählich eine Klärung eintritt, wenn nicht damit eine weitere, viel bedenklichere Folge verbunden wäre, und die besteht darin, daß wir ganz willkürlich aus der Bevölkerung gewisse Gruppen herausnehmen und einer Versorgung unterwerfen, die wir den in ganz ähnlicher sozialer Lage Befindlichen vorenthalten, daß wir der Ladenverkäuferin etwa, die wir als Angestellte ja zu betrachten haben, eine weitere Fürsorge gewähren und sie der in demselben Geschäft beschäftigten Stickerin vorenthalten, daß wir das, was wir einem Kassenboten gewähren, dem Monteur, dem gelernten Arbeiter vorenthalten.

In demselben Jahre, in dem der Reichstag die Herabsetzung des Beginns der Altersrente auf das 65. Lebensjahr ablehnte, in dem er einen Ausbau der Arbeiterversicherung verweigerte, das heißt es ablehnte, den höher gelohnten Arbeitern gegen höhere Beiträge höhere Renten zu sichern, in demselben Jahre, in dem der Reichstag bestimmte, daß nur die invalide Witwe einen Anspruch auf Rente haben soll — in demselben Jahre werden alle die Wünsche, die man den Arbeitern vorenthalten hat, einer Gruppe zugebilligt, von der der Staatssekretär des Innern Delbrück in der ersten Lesung der Vorlage im Reichstage selbst gesagt hat, daß sie sich gegenüber der arbeitenden Klasse in einer gehobenen Stellung befindet. Das nenne ich unsozial handeln, und vor allen Dingen: Es hat weiter die Wirkung, daß in allen diesen Kreisen — über eine Million Arbeiter befinden sich in den oberen Lohnklassen — neue Unzufriedenheit, neue Beunruhigung entsteht, und die günstigen politischen Folgen, die man von der Annahme dieses Angestelltengesetzes erwartet, werden meines Erachtens mehr als aufgehoben durch diese Unzufriedenheit unter den Arbeitern. Dazu kommt die Unzufriedenheit in weiteren Kreisen des Mittelstandes und in der Industrie infolge der ihnen auferlegten Belastung — ein Punkt, auf den ich noch eingehen werde.

Aus dem Nebeneinanderbestehen zweier verschiedener Einrichtungen wird natürlich eine Reihe weiterer Schwierigkeiten sich ergeben, darin bestehend, daß die Leute bald der einen, bald der anderen, bald beiden Organisationen gleichzeitig angehören. Ob ein Arbeiter etwa, der im späteren Verlaufe seines Lebens sich hinaufarbeitet, der vielleicht erst mit 35, mit 40 Jahren Werkmeister wird, die Invalidenversicherung freiwillig fortsetzt, ist nach den bisherigen Erfahrungen zweifelhaft. Wahrscheinlich wird er sie verfallen lassen. Er muß dann die ganze Anwartschaft des Angestelltengesetzes aufs neue erwerben, wird sich also zehn Jahre in dem Zustand des Unversichert- oder Ungeschütztseins, richtiger gesagt, befinden. Mir ist eben ein Fall von einem Arbeiter erzählt worden, der infolge eines Unfalles seine bisherige Tätigkeit nicht mehr ausüben konnte und nun als Portier angestellt wurde, der doch jetzt als Angestellter zu betrachten ist, weil er gewisse Aufträge erteilt und eine gewisse Vertrauensstellung einnimmt. Der würde also jetzt erst in das Versicherungsverhältnis eintreten und erst in hohem Alter die Wartezeit zurückgelegt haben, so daß, wenn er in der Zwischenstirbt, seine Angehörigen ohne Schutz sind.

Das sind sehr erhebliche Bedenken und Mängel, die durch einzelne Verbesserungen, die in der Kommission vorgenommen worden sind — von denen ich namentlich die Erleichterung der freiwilligen Weiterversicherung erwähne — doch nur zu einem geringen Grade behoben werden können.

Dann aber — und das ist wohl mit einer der Hauptgründe gewesen — hat man sich gegen die Sonderversicherung gewandt, weil sie nun wieder einen großen Verwaltungsapparat schafft. Neben die Krankenkassen, die Invalidenversicherungsanstalten, die Berufsgenossenschaften, neben dieses große Gebäude, wie es sich jetzt in der Reichsversicherungsordnung darstellt, wird nun wieder ein neuer Verwaltungsapparat gesetzt, ein Verwaltungsapparat mit einer Reichsversicherungsanstalt, mit in Zukunft etwa 30 Rentenausschüssen, 30 Schiedsgerichten, einem Oberschiedsgericht und mit etwa 20 000 Vertrauensmännern. Also neben der schon recht komplizierten Arbeiterversicherung wird in demselben Jahre, wo wir sie zu vereinheitlichen streben, wieder ein ganz neues Gebäude errichtet, ein Gebäude, dessen Verwaltung wiederum natürlich eine große Zahl von Beamten verlangt. Große Neuanforderungen werden an die ehrenamtliche Tätigkeit gestellt. Natürlich bedingt ein solcher Verwaltungsapparat auch wieder große Kosten.

Die Regierung ist in dieser Frage etwas optimistisch; sie glaubt, daß man mit 2 pCt. der Beiträge die Kosten decken könne. Man hat sogar einmal die Hoffnung gehabt, mit 0,88 pCt. auszukommen. Da ist es doch recht interessant, zu sehen, daß in Oesterreich die Verwaltungskosten im ersten Jahre 4,59 pCt. und im zweiten Jahre 5,14 pCt. betragen haben, und wenn Sie genau zusehen, dann finden Sie, daß Oesterreich diese Verwaltungskosten von den vorgeschriebenen Beiträgen, nicht von den wirklich eingegangenen berechnet (hört! hört!), während man doch die Verwaltungskosten in der Regel nach den wirklichen Einnahmen berechnet; da aber die eingegangenen Prämien nur zwei Drittel der gesamten Prämien sind, so stellen sich also tatsächlich die Verwaltungskosten in Oesterreich noch erheblich höher. Aber selbst wenn man mit den vorgesehenen 2 pCt. wirklich auskommen könnte, bedeuten Beiträge von durchschnittlich 7 pCt. des Gehalts eine Belastung, der namentlich der Mittelstand kaum noch gewachsen ist, die aber natürlich auch die Industrie außerordentlich schwer trifft.

Und trotz dieser großen Opfer, trotz aller dieser Schwierigkeiten, werden doch nur Leistungen gewährt, die über die Sicherung des Existenzminimums kaum hinausgehen. Es muß einmal klar und deutlich ausgesprochen werden: Eine ausreichende Fürsorge, wie man sie im Anfang des Jahrhunderts erträumt hatte, bringt auch dieses Gesetz den Angestellten nicht, und die kann kein Gesetz bringen, weil die Opfer dafür viel zu groß wären.

In dem ersten Entwurf waren sehr bedenkliche Bestimmungen über die Werkkassen, die nur als Zuschußkassen zugelassen werden sollten, enthalten. Der zweite Entwurf läßt die Werkkassen unter bestimmten Voraussetzungen auch als Ersatzkassen zu.

Wenn im vergangenen April aus den Gründen, die ich hier kurz skizziert habe, der Centralverband sich gegen eine Sonderversicherung, sich gegen den vorliegenden Gesetzentwurf aussprach, so geschah das nicht, weil er eine derartige Versicherung als unnötig erachtete. Der Centralverband hat bereits 1907 erklärt, daß er der Angestelltenversicherung sympathisch gegenüberstehe, und es ist in seinen Kreisen niemals ein Zweifel darüber gewesen, daß die Industrie auch für diesen Zweck Opfer bringen will. Das halte ich für notwendig, im gegenwärtigen Moment mit aller Schärfe zu betonen, deshalb, weil draußen im Lande wieder behauptet wird, die ganze Gegnerschaft laufe ja überhaupt nur darauf hinaus, eine Angestelltenfürsorge zu verhindern, und geradezu absurd ist es, gegenüber denen, die für den Ausbau der Arbeiterversicherung eintreten, zu behaupten, sie handelten unsozial, so zu reden von denen, die gleichzeitig über eine Million Arbeiter einer erweiterten Staatsfürsorge unterwerfen wollen.

In der damaligen Versammlung, in der ich ja bereits die Ehre hatte, über diese grundsätzlichen Organisationsfragen zu referieren, kam der Centralverband zu der Ueberzeugung, daß es wünschenswert sei, wenn nach der Richtung des Ausbaues der Arbeiterversicherung weitere Erhebungen angestellt würden, und er richtete an die Verbündeten Regierungen das dringende Ersuchen, in dieser Richtung zu arbeiten, und erklärte sich gleichzeitig gern bereit, an diesen Arbeiten teilzunehmen. Trotzdem nun auch große andere Korporationen, wie der Deutsche Handelstag, wie der Verein der Chemischen Industrie, zahlreiche Einzelverbände, der Zentralausschuß der Prinzipalverbände — das heißt der Kleinhandel, — ferner Großhändlerverbände, trotzdem alle diese für den Gedanken des Ausbaues der Arbeiterversicherung eintraten, ist die Regierung diesen ihr gewiesenen Weg nicht gegangen, wie bisher beeinflußt durch die starke Agitation des Hauptausschusses.

Freilich, wenn die Stoßkraft der Industrie in diesem Falle nicht so stark war, wenn — wir können es ruhig sagen — Handel und Industrie in dieser wichtigen Frage fast ohne jeden Einfluß auf die Gestaltung der Dinge geblieben sind, dann hat es gerade mit daran gelegen, daß ein Teil der Industrie einen eigenen Weg zu gehen beliebte. Sie wissen, daß eine Gruppe, der Bund der Industriellen, sich frühzeitig, ehe noch alles feststand, auf die Sonderkasse festlegte. Wer, wie ich, in diesen Sachen gearbeitet hat und auch mit den maßgebenden Behörden verhandelt hat, weiß, daß den Freunden des Ausbaues immer entgegengehalten worden ist: Die Industrie will ja doch die Sonderkasse. Wenn man in den letzten Monaten immer so stark von anderer Seite die Einigkeit der Industrie betont hat, dann, glaube ich, war es an der Zeit, bei der ersten Gelegenheit, wo es möglich war, es durch die Tat zu beweisen, das auch wirklich zu tun (sehr wahr!), und das ist — das muß ich leider hervorheben — nicht geschehen; denn auch bei den jetzigen Reichstagsverhandlungen haben wir von jener Seite von dem Abgeordneten, der im Bund der Industriellen einen maßgebenden Einfluß hat, bisher fast nur Erschwerungen, jedenfalls keine einzige Förderung erfahren. (Sehr richtig!)

Das Reichsamt des Innern und die Reichsregierung ließen sich von dem Wege, den sie einmal eingeschlagen hatten, nicht mehr abdrängen. Sie veröffentlichten im Mai einen Gesetzentwurf, der dieselben Grundlagen enthielt wie der erste, der nur in der Frage der Ersatzkassen eine Aenderung brachte, auf die ich später eingehen will. Da haben die großen Verbände, die an der Entwickelung der Sache doch ein großes Interesse hatten, die Arbeit selbst in die Hand genommen. Wie Sie heute morgen schon aus dem Referat des Herrn Regierungsrat Dr. Schweighoffer gehört haben,' hat sich eine Arbeitszentrale gebildet, hinter der der Deutsche Handelstag, der Centralverband Deutscher Industrieller, der Bayerische Industriellen-Verband sowie der Klein- und der Großhandel stand, der aber auch Angestelltenverbände angehörten. Diese Arbeitszentrale hat nun die Arbeiten, die von der Regierung seit Jahren gefordert worden sind, selbst zu leisten versucht, und es ist gelungen, trotz der großen Hitze des Sommers und der Ferien, in Monaten angestrengtester Arbeit dieses Ziel zu erreichen, eine Denkschrift vorzulegen, die einmal zeigt, daß der Einwand versicherungstechnischer Art, der gegen den Ausbau geltend gemacht wurde, nicht aufrechtzuerhalten ist — ich brauche Sie in diese versicherungstechnischen Einzelheiten nicht einzuführen — die aber weiter zeigt, daß es möglich ist, bei den gleichen Voraussetzungen, wie sie die Reichsversicherungsordnung vorsieht und wie wir sie für die Angestellten auch solange für berechtigt halten, als man den Arbeitern nicht mehr gewährt, die gleichen Renten des Entwurfs zu gewähren, während die Gesamtheit nur mit einem Drittel der Kosten belastet wird.

Um das auszurechnen, war es notwendig, einmal den Rechnungen des Reichsamts des Innern nachzugehen wegen der künftigen Belastung durch diesen vorliegenden Gesetzentwurf, und da hat Herr Dr. Jacobssohn aus Essen überzeugend nachgewiesen, daß die Schätzung der Kosten seitens der Reichsregierung zu günstig vorgenommen war, daß nicht etwa 200 Millionen Mark an Beiträgen erforderlich sind, sondern daß ungefähr 300 Millionen Mark notwendig sind. Die Unterschätzung liegt eben darin, daß die Regierung die Gehälter und die Altersgruppierung der Angestellten viel zu günstig angenommen hat. In demselben Moment aber, wo die Reichsregierung die Kosten des Entwurfs außerordentlich unterschätzt, überschätzt sie die Kosten des Ausbaues ganz gewaltig. Während sie bei der Berechnung der Kosten der Sonderversicherung zum Teil mit den Zahlen der Jahre 1903, 1907 und 1908 operierte, schätzte sie die Kosten des Ausbaues auf das Jahr 1909 und ging gleichzeitig derart vor, daß sie annahm, die Arbeiter im Deutschen Reich mit einem Tagesverdienst von mehr als 4 M. gruppierten sich in denselben Gehaltsverhältnissen wie die Arbeiter der Firma Krupp, so daß, wenn man das wirklich ausgerechnet hätte, die Arbeiter in der Klasse 1500 bis 2400 M. 270 pCt. der Zensiten dieses Einkommens im ganzen Deutschen Reiche betragen hätten, das heißt also, es wären fast dreimal so viel Arbeiter vorhanden gewesen als überhaupt Leute dieses Einkommens im Deutschen Reich. (Hört! hört!) Gleichzeitig nahm man an, daß ein Verfall der Arbeiterversicherung, der ja heute sehr groß ist, in Zukunft so gut wie gar nicht mehr stattfinden würde. Vielleicht nimmt man an, daß die weiblichen Angestellten nicht mehr heiraten würden, und infolgedessen der Verfall hier gänzlich aufhören würde. Daß er etwas nachläßt, ist ja möglich und ist auch wünschenswert, denn daß von

100 Versicherungen 53 verfallen, wird man für eine Reichsversicherung nicht als ein übermäßig glänzendes Zeugnis erklären können.

So haben wir denn gegenüber dieser von der Regierung angenommenen Belastung von 382 Millionen Mark durch den Ausbau sehr sorgfältig die wirklichen Kosten auf etwa 110 bis 120 Millionen Mark ermittelt. Ich habe selbst sehr eingehende Untersuchungen über die Belastung der Industrie angestellt und kann als deren Ergebnis nur sagen, daß, selbst wenn wir mit einem Beitrage von etwa 3 pCt. rechnen würden, also mit höheren Beiträgen als heute die Invalidenversicherung verlangt, und wenn man die Versicherungspflicht bis 5000 M. ausdehnt, daß selbst in einem solchen Falle die Belastung der Industrie nicht stärker sein wird als nach dem Entwurf, obgleich alle Arbeiter mit einem Gehalt bis zu 5000 M. hinzukommen.

Wir dürfen ja doch ein Moment nicht übersehen: Wenn jetzt der Entwurf Gesetz wird, dann setzt im nächsten Jahre die Agitation der Arbeiter nach dem Ausbau der Arbeiterversicherung ein (sehr richtig!), und dieser Agitation gegenüber wird sich der neue Reichstag nicht verschließen, er wird ihr nachgeben. In den Verhandlungen am 4. März in der Kommission des Centralverbandes Deutscher Industrieller hat Ihr Herr Vorsitzender mit Recht bereits darauf hingewiesen, wir ständen hier am Anfange einer Schraube ohne Ende. Zu den Kosten des Entwurfs erhalten wir noch die Kosten des Ausbaues hinzu, wenn der Entwurf Gesetz wird.

Von Regierungsseite ist weiterhin vor dem Ausbau gewarnt worden, weil er die Belastung des Reichs erhöhe, diese aber nur durch neue Steuern zu decken sei. Auch hier hat die Arbeitszentrale ein System nachgewiesen, das den höher Gelohnten den Reichszuschuß langsam kürzt, so daß die Renten so hoch bleiben, wie die des Entwurfs, aber die Mehrbelastung des Reichs so gut wie ausgeschlossen erscheint.

Man hat den Arbeiten der Arbeitszentrale von vielen Seiten den Vorwurf gemacht, daß sie zu spät kämen. Diesen Vorwurf muß ich mit aller Energie zurückweisen. Seit 1907, wo die Frage der Organisation der Privatangestelltenversicherung zum erstenmal die Oeffentlichkeit zu beschäftigen begann, haben wirtschaftliche Verbände in immer steigender Anzahl sich für einen Ausbau der Arbeiterversicherung ausgesprochen und haben, wie ich es schon erwähnt habe, von der Regierung nähere Ermittelungen nach der Richtung hin verlangt. Das ist zuletzt geschehen in der Delegiertenversammlung des Centralverbandes in diesem Jahre. Erst als die Regierung in dieser Beziehung hin versagte, hat man selbst diese Arbeiten in die Hand genommen. Man muß sich außerdem doch sagen, daß derartige Rechnungen nicht so einfach aufzustellen sind. Es ist vor allen Dingen außerordentlich schwer, die mathematisch vorgeschulten Männer zu finden, die gerade mit diesen Fragen sich beschäftigt haben. Wenn der Mathematiker Schönwiese, der diese neuen Berechnungen angestellt hat, sich nicht seit Jahren mit diesen Fragen beschäftigt hätte, wäre es auch innerhalb der kurzen Zeit nicht möglich gewesen. Und dann meine ich: Niemals kann etwas so spät kommen, daß man nicht einen Fehler zu machen unterlassen kann.

Aber wir können aus diesen Vorgängen etwas lernen, und da will ich einen Augenblick über den Rahmen meines Referats hinausgehen und auf die Zukunft deuten. Herr Regierungsrat Schweighoffer hat in seinem Referat bereits auf die dunkle Wolke hingewiesen, die auf dem Gebiete der Sozialversicherung langsam am Horizont sich zu bilden scheint: Das ist die Frage der Arbeitslosenversicherung, die wegen ihrer Einwirkung auf den Arbeitsmarkt außerordentlich wichtig ist, eine Frage, die unter Umständen für die Industrie außerordentlich gefährlich werden kann. Es ist sicher zweckmäßig, sehr frühzeitig schon an diese Dinge heranzutreten und sich mit ihnen zu beschäftigen (Zustimmung), weil wir sehen, wie schnell die Leute auf der anderen Seite arbeiten. (Sehr wahr!)

Die Arbeiten der Zentrale mit allen den Wünschen von Handel und Industrie haben leider sehr wenig Erfolg gehabt. Die Reichsregierung hat sich auf den Standpunkt gestellt, der Reichstag habe im Sommer dieses Jahres bei Annahme der Reichsversicherungsordnung beschlossen, von einem Ausbau abzusehen, damit sei für die Regierung diese Frage erledigt. Der Reichstag hat diesen Beschluß aber doch nur gefaßt, weil er von falschen Voraussetzungen ausging, nämlich, daß der Ausbau versicherungstechnisch nicht möglich wäre, daß er die Gesamtheit zu sehr belaste und zu einer Mehrbelastung des Reichs führe, die nur durch neue Steuern zu decken sei. Nachdem wir, wie wir glauben, überzeugend nachgewiesen haben, daß diese Voraussetzungen nicht richtig waren, weiß ich nicht, weshalb der Reichstag nicht seinen früheren Beschluß einer Revision unterziehen kann.

Dann hat die Reichsregierung erwähnt: Die Reichsversicherung sei abgeschlossen, man wolle nicht nunmehr ein großes Gesetz sofort im nächsten Jahre einer Abänderung unterziehen. Nun wissen wir, daß 1913 die Frage des Reservefonds der Berufsgenossenschaften, 1915 die der Heraufsetzung der Altersrente untersucht werden sollen, daß wir hier durchaus noch nicht vor einem Abschluß stehen. Man hätte 20 bis 25 Paragraphen bedurft, um die Reichsversicherungsordnung entsprechend auszubauen, das wäre immer noch einfacher gewesen, als ein neues Gesetz von 400 Paragraphen anzunehmen. (Sehr gut!)

Auf unsere Berechnung ist man in der Oeffentlichkeit nicht eingegangen, nur in der Kommission. Ich muß mich da auf die Zeitungsberichte verlassen. Aber in der Kommission scheint man sich mehr mit einer nebensächlichen Frage beschäftigt zu haben. Man hat erklärt, in den Berechnungen seien auch die Kirchendiener und Lehrlinge enthalten, die tatsächlich nicht unter das Gesetz fielen, die Regierung habe also übervorsichtig gerechnet. Von sozialdemokratischer Seite ist ihr das auch bestätigt worden. Wenn aber die Regierung diese Personen zu viel gezählt hat, dann haben wir, da wir ja von der gleichen Einteilung der Angestellten ausgehen mußten, in unserer Rechnung die fünf Millionen Mark natürlich auch zu viel, die Differenz von hundert Millionen wird aber dadurch nicht tangiert.

Wie im einzelnen die Beweisführung in der Kommission gewesen ist, wissen wir nicht. Wir wissen nur eins: die Wirkung dieser Beweisführung auf die Abgeordneten war die, daß die Abgeordneten erklärt haben — zum Teil ist dies aus den Zeitungen ja bekannt geworden, zum Teil weiß ich es aus Privatgesprächen —: Dem haben wir nicht folgen können. Denn es gehört dazu natürlich eine mathematisch-statistische Schulung. Und da man nicht zu entscheiden vermochte, wer recht hat, die Regierung oder die Arbeitszentrale, hat man sich geholfen, nicht, indem man sagte: wir wollen die Sache einer gründlichen Nachprüfung unterziehen und wir wollen Sachverständige fragen über diesen wichtigen Punkt, sondern indem man gesagt hat: wie die Dinge liegen, wollen wir die Rechnung der Regierung annehmen, aber wir überlassen ihr die Verantwortung. (Heiterkeit). Wer zahlt aber die Differenz, wenn sich Irrtümer herausstellen? Das ist nicht die Reichsregierung, sondern das sind die gewerbtätigen Stände des deutschen Volkes, und denen ist außerordentlich wenig damit gedient, daß man die Verantwortung lediglich der Regierung überläßt. (Sehr wahr!)

Dann hat man für das Plenum eine Resolution vorgesehen, in der von der Regierung verlangt wird, daß sie, sobald die erste Bilanz aufgemacht ist, dem Reichstag Rechenschaft ablegt. 1917 ist der früheste Termin. Außerdem zeigt sich die Wirkung des Gesetzes ja doch erst nach 10 Jahren; also erst nach einem Jahrzehnt werden wir ein genaues Bild bekommen. Damit ist auch nicht viel gewonnen.

Wir müssen also die betrübende Tatsache feststellen, daß die Abgeordneten in ihrer großen Mehrheit die Gegengründe nicht geprüft haben, daß sie sie auch nicht haben prüfen wollen, denn es stand in diesem Moment eine ganz andere Frage auf der Tagesordnung; es stand die Frage auf der Tagesordnung, binnen 6 Wochen ein Gesetz zu schaffen, gleichgiltig, ob dagegen Einwendungen erhoben werden. Man hat das ja auch öffentlich zugegeben. Ich will hier nur Ausführungen des Abgeordneten Potthoff aus einer Rede, die er in diesen Tagen in Wien gehalten hat, zitieren. Da hat er nach der Oesterreichischen Versicherungs-Zeitung erklärt: die Arbeiten der Arbeitszentrale seien hochinteressant und enthielten eine Fülle beachtenswerter Anregungen, sie kämen aber zu spät. Wären sie vor einem oder zwei Jahren erschienen, so hätten wir einen anderen Entwurf bekommen. Heute aber stehe der Reichstag vor der Frage, ob er die Regierungsvorlage annehmen oder ob er überhaupt kein Gesetz zustande bringen solle. Da keine Partei ohne die Angestelltenversicherung in die Neuwahl gehen könne, müsse die Reichstagskommission die Vorschläge der Arbeitszentrale als verspätet beiseite schieben. Da ist also das öffentlich ausgesprochen, was im Stillen uns allen, die wir an den Dingen mitgearbeitet haben, oft genug gesagt worden ist, die Entschuldigung: Wie die Dinge heute liegen, müssen wir das Gesetz der Regierung herunterschlucken. Das, meine ich, ist aber keine richtige Auffassung von gesetzgeberischer Tätigkeit (sehr richtig!), einen Fehler zu machen, nur, weil man sich im Augenblick nicht anders helfen kann. Dabei ist diese Eile doch noch nicht einmal in dem Maße notwendig, denn bei einem Ausbau der Arbeiterversicherung würden wir mit einer vierjährigen Karenzzeit arbeiten, außerdem ließe sich die ganze Sache in wenigen Wochen einrichten, während auf der anderen Seite das Angestelltenversicherungsgesetz ja mit einer Karenzzeit von zehn Jahren, in der Uebergangszeit für die Hinterbliebenenversicherung mit einer solchen von fünf Jahren rechnet.

Wie einseitig man vorgegangen ist, das möchte ich hier noch an einem Beispiel ganz besonders illustrieren, auch deshalb, weil hier die Zurückweisung von Vorwürfen mir besonders notwendig erscheint. In der ersten Lesung hat man den Hauptausschuß über den grünen Klee gelobt, seinen sachlichen Arbeiten das größte Lob gespendet, den Hauptausschuß, der die Herren, die in der Arbeitszentrale monatelang rein ehrenamtlich gearbeitet haben, durch seine Parteigänger gedungene wissenschaftliche Kräfte nennt und der die Liebenswürdigkeit gehabt hat, durch seinen Parteigänger mich persönlich den westfälischen Abgeordneten als einen im Solde der Lebensversicherungsgesellschaften stehenden Mann zu denunzieren (Pfuirufe), obgleich ich nicht das Geringste mit den Lebensversicherungsgesellschaften zu tun habe. Dagegen hat man von der Tribüne des Reichstages herab, und zwar Herr Dr. Stresemann, erklärt: der Arbeitszentrale, — also wie erwähnt der Gruppe, hinter der der Deutsche Handelstag, der Centralverband Deutscher Industrieller und die großen Verbände stehen —, müsse man von vornherein mit einem gewissen Soupçon begegnen. (Hört, hört!)

So hat man im Reichstage die Arbeiten gewertet, und das hier festzustellen und die Angriffe zurückzuweisen, schien mir ganz besonders notwendig. (Zustimmung.)

Noch auf eins will ich aufmerksam machen. Wenn im gegenwärtigen Moment dieses Gesetz angenommen wird, so ist das kein Gesetz, dessen üble Wirkungen man, wie die eines Strafgesetzes oder eines des Zivilrechts, dadurch wieder ausschalten kann, daß man es nach einigen Jahren wieder aufhebt. Hier bauen wir der ganzen künftigen Entwicklung vor, und wir bauen eine Mauer gegen den künftigen Ausbau der Arbeiterversicherung; denn, kommt jetzt die Frage, die Arbeiterversicherung auszubauen, nehmen wir einmal an, nur bis 3000 M., dann können Sie doch von den Angestellten, die jetzt unter das Angestelltengesetz fallen und in den höheren Klassen über 2000 M. den erhöhten Beitrag bezahlen, nicht noch den gleichen Beitrag erheben, wie Sie ihn von den Arbeitern verlangen müssen. Sie haben also in Zukunft unendliche Schwierigkeiten in der Organisation, in der Weiterentwicklung unserer Arbeiterversicherung, und das ist ein Moment, das man im gegenwärtigen Augenblick berücksichtigen muß. (Sehr wahr!)

Freilich, wenn wir alle unsere Arbeit betrachten, die die großen Verbände in der langen Zeit geleistet haben, dann müssen wir leider sagen: daß ein großer Aufwand unnütz vertan ist. Es hat nicht gewirkt. Man ist noch nicht einmal in eine Generaldiskussion über die Dinge in der Kommission eingetreten. Man hat sie en passant bei § 1 erledigt, und wir haben — darüber wollen wir uns hier ganz klar sein — doch eine sehr geringe Chance, daß man etwa in der zweiten Lesung der Kommission etwas anderes beschließen wird. Wir müssen wohl damit rechnen, daß man den vorliegenden Entwurf annimmt.

Dann wollen wir aber auch nicht nur negative Kritik üben, meine Herren, dann wollen wir auch versuchen, mitzuarbeiten, und versuchen, alles zu bessern, was im gegenwärtigen vorgeschrittenen Moment noch zu bessern ist.

Fürchten Sie nicht, daß ich auf die unzähligen Einzelfragen eingehe, die sich hier ergeben. Es gibt eine Masse von Paragraphen und Einzelbestimmungen, wie ja die Kommissionsverhandlungen schon gezeigt haben, bei denen man die bessernde Hand ansetzen kann.

Doch würde das hier zu weit führen. Lassen Sie mich nur einige der wichtigsten großen Gesichtspunkte herausheben.

Da ist einmal die Frage der Organisation. Man hat sich ja auch in der Kommission sehr darüber gestritten, ob es zweckmäßig wäre, eine besondere Reichsversicherungsanstalt zu errichten, ob man diese ganze Sache nicht der Arbeiterversicherung angliedern könne, ob man diese 20 000 Vertrauensmänner nicht beseitigen könne, und soweit ich weiß, ist ja gerade das Zentrum gegen eine derartige weitere Zersplitterung, gegen den großen Verwaltungsapparat mit besonderer Entschiedenheit aufgetreten, wenn es auch im letzten Moment nicht dagegen gestimmt hat, um die Annahme des Gesetzes nicht zu gefährden.

Nun glaube ich, wenn wir für zwei Millionen Menschen eine neue Versicherung schaffen, die sich über das ganze Deutsche Reich erstreckt, dann können wir das nur durch eine besondere Organisation. Wir müssen die Reichsversicherungsanstalt, wir müssen wohl auch die Rentenausschüsse und die Vertrauensmänner in den Kauf nehmen. Einen wirklich besseren Vorschlag habe ich bisher nicht gefunden. Aber auf einem Gebiet läßt sich allerdings eine Vereinheitlichung erzielen, das ist auf dem der Rechtsprechung. Wir haben jetzt den sehr betrübenden Umstand, daß wir eine neue oberste Instanz schaffen, das Oberschiedsgericht, das ganz unabhängig vom Reichsversicherungsamt entscheidet. Nun nehmen Sie den Fall: es handelt sich um einen Mann in einer Vertrauensstellung — wie wir es nennen wollen — mit einem Gehalt von über 2000 M., und das Reichsversicherungsamt sagt: den Mann halten wir für einen Angestellten, er ist also nach der Reichsversicherungsordnung versicherungspflichtig; dagegen erklärt das Oberschiedsgericht: nach dem Angestelltengesetz liegt keine Versicherungspflicht vor, denn der Mann ist unserer Ansicht nach Arbeiter; dann ist er überhaupt nicht versichert. Dafür muß gesorgt werden, daß nicht Verschiedenheiten in der Rechtsprechung gerade über die wichtigsten Begriffe, die das neue Gesetz kennt, vorkommen. Da scheint es mir das einfachste, für diesen Zweck einen besonderen Senat beim Reichsversicherungsamt zu errichten und entsprechende Kammern in den Oberversicherungsämtern, in jeder Provinz vielleicht eine. Man hat auf die Ueberlastung des Reichsversicherungsamts hingewiesen. Ja, ist es denn nun einfacher, ein ganz neues Obergericht zu schaffen, als an eine bestehende Behörde einen weiteren Senat anzuschließen? Damit würde aber die Rechtsprechung auf dem Gebiete im engsten Zusammenhang bleiben mit der der Reichsversicherungsordnung, und das ist sicher zu erstreben.

Man kann es mit Freuden begrüßen, daß in dem neuen Entwurf dem Verwaltungsrat, der bei der Reichsanstalt eingerichtet wird und der sich zu gleichen Teilen aus den Beteiligten zusammensetzt, etwas weitere Befugnisse übertragen worden sind: die Befugnis nämlich, den Etat und die Bilanz zu genehmigen, freilich mit einer Ausnahme: Den Besoldungs- und Pensionsetat setzt der Bundesrat fest. Gerade auf die Beamtengehälter und die Zahl der Beamten haben die Beteiligten also nicht irgendwelchen Einfluß. Ich halte es deshalb für sehr zweckmäßig, wenn man nach dieser Richtung hin eine Erweiterung der Zuständigkeit des Verwaltungsrates schüfe. In der Zeitung habe ich nur die etwas mystische Andeutung gefunden, daß den Beteiligten ein etwas größerer Einfluß auf die Verwaltung eingeräumt worden sei — wie weit, entzieht sich meiner Kenntnis.

Dann eine weitere Bestimmung: Im Entwurf findet sich im § 175 die Vorschrift, daß, wenn sich ein Fehlbetrag ergibt, der Bundesrat die Beiträge erhöht, ohne den Reichstag zu fragen. Ich glaube, das ist doch eine so wichtige Bestimmung, ob und wie weit man, wenn die 7 pCt. nicht ausreichen, mit einer Erhöhung der Beiträge vorgeht, daß man in dieser Angelegenheit wenigstens den Reichstag fragen sollte. Ein dahin gehender Antrag ist aber in der Kommission, soviel ich weiß, abgelehnt worden.

Ich wende mich nun der letzten wichtigen großen Frage zu: das ist die Stellung der Werkkassen, Pensionskassen und die Frage der Einwirkung des Gesetzes auf die Lebensversicherung. Der erste Entwurf wollte ja Werkkassen als Ersatzkassen überhaupt nicht zulassen. Der zweite ist milder gewesen; er will Werkkassen als Ersatzkassen unter bestimmten Voraussetzungen zulassen. Aber die Freude an der Verbesserung wird einem leider wieder etwas vergällt, wenn man die Bestimmungen sich näher ansieht.

Zunächst sieht der Entwurf vor, daß nur Kassen zugelassen werden, die vor der Verkündung des Gesetzes errichtet werden. Das hat man als bitter empfunden. Wenn man die Konzentrationsbestrebungen unserer Zeit überblickt, dann sieht man, wie immer neue große Werke entstehen, für die in der Zukunft erst die Notwendigkeit oder das Bedürfnis einer Pensionskasse akut wird. Die werden ausgeschlossen. Die Begründung führt dazu an: Die Reichsversicherungsanstalt würde zu sehr geschädigt, weil diese Werke nur gesunde Personen einstellen und infolgedessen die schlechten Risiken der Reichsanstalt bleiben. Ich glaube, daß die Befürchtungen übertrieben sind, wie sie übertrieben waren, als man sie seiner Zeit gegen die Betriebskrankenkassen geltend machte. Man schätzt die Zahl der in Deutschland vorhandenen Pensionskassen auf etwa 120. Wir dürfen annehmen — ich will einmal sehr optimistisch sein — daß von denen 50 % als Ersatzkassen zugelassen werden können, das wären also ca. 60, zu denen in Zukunft auch nur immer wenige hinzukommen werden, denn um eine Pensionskasse zu errichten, die den gesetzlichen Ansprüchen genügt, dazu bedarf es sehr vielen Geldes. Eine Reihe Schwierigkeiten sind zu überwinden. Diese Kassen werden nicht wie Pilze aus dem Boden schießen. Auch Oesterreich hat bis zum 31. Oktober 1910 nur 50 Pensionskassen anerkannt, obgleich die Zulassungsbedingungen dort außerordentlich leicht sind. Man hatte daher die Bitte geäußert, doch für die Zukunft nicht aller Entwickelung vorzubeugen und hier freie Bahn zu lassen. Die Reichstagskommission hat dagegen auf einen Antrag hin beschlossen, nicht nur keine neuen Kassen zuzulassen, sondern auch diejenigen auszuschließen, die nach dem 15. Oktober errichtet worden sind. Ich weiß nicht, ob große Kassen im Augenblicke errichtet worden sind, aber es wäre doch eine ungeheure Härte, diese Kassen — es kann sich nur um ganz, ganz wenige handeln — durch diese Bestimmung von der Zulassung vollständig auszuschließen. Da mag eine Firma eine große Summe aufgewendet haben für den Zweck, ihren Angestellten eine besondere Fürsorge zu gewähren, sie hat sich auf das Gesetz gestützt, und im letzten Moment wird ihr von der Reichstagskommission, statt daß man den Wünschen der Industrie entgegenkommt, gerade nach der Richtung hin die Zulassung der Ersatzkasse unmöglich gemacht.

Dann die Frage der Sicherheit. Man sollte doch annehmen, daß eine Pensionskasse, die vom Kaiserlichen Aufsichtsamt für Privatversicherung zugelassen worden ist, als sicher genug gelten kann. In Oesterreich findet sich im Gesetz nur die Bestimmung: wenn eine Kasse weniger als hundert Mitglieder hat, dann sollen besondere Sicherheiten geschaffen werden, ein besonderer Fonds. Mehr verlangt man selbst nicht einmal in Oesterreich, und wir wollen die Voraussetzungen so ungeheuer schwer machen!

Es ist in Absatz 2 von einem Rückversicherungsverbande gesprochen, dessen Bildung natürlich außerordentlich schwierig sein wird, weil die einzelnen Kassen ja auf ganz verschiedenen Voraussetzungen beruhen. Da ist eine der chemischen Industrie, der Eisenindustrie, da sind Berliner Warenhäuser, da sind Versicherungsgesellschaften, die ihre eigene Kasse haben — die kann man ja kaum in einen Rückversicherungsverband zusammenschließen. Weshalb will man sich da bei den großen Kassen nicht mit der versicherungstechnischen Sicherheit begnügen?

Man wirft mir ein: Ja, wenn nun das Werk selbst eingeht? Dann löst sich die Kasse auf und überträgt ihre Reserven, wie sie es ja auch tun müßte, wenn ihre Mitglieder weggehen, der Reichsversicherungsanstalt, die für die Zahlung dieser Reserven in die Verpflichtung eintritt, wie wir heute hundertmal den Fall sehen, daß eine Pensionseinrichtung oder eine Werkkasse sich auflöst und ihr Vermögen auf eine andere überträgt. Darin ist also praktisch gar keine Schwierigkeit zu erblicken. Es würde aber die Zulassung ganz bedeutend erleichtern, denn jetzt hängt alles davon ab, wie der Bundesrat beziehungsweise das Reichsamt des Innern, das ja hier gutachtlich gefragt wird, die Sicherheit betrachtet. Ein großes Moment der Unsicherheit wird durch diesen Paragraphen wieder in den Entwurf hineingetragen.

Dann noch eine wichtige Frage: das ist die Aufrechterhaltung der Anwartschaft. Es ist ja natürlich klar, daß, wenn wir jetzt eine Staatsanstalt und eine allgemeine Zwangsversicherung einführen, die irgendwo erworbenen Rechte erhalten bleiben müssen, daß sie nicht beim Uebertritt von einer Kasse zur andern verloren gehen. Das will denn der Entwurf auch in der Weise, daß die Anwartschaft erhalten bleibt. Wenn nun der Versicherungsfall eintritt, dann wendet sich der Versicherungspflichtige an den Rentenausschuß, der setzt die Rente fest, die von der Staatsanstalt gezahlt wird. Die Staatsanstalt erhält nun für die Zeit, die der betreffende Angestellte bei einer Werkkasse versichert war, die entsprechende Prämienreserve überwiesen. Das sieht furchtbar einfach aus und scheint im ersten Moment die allereinfachste Lösung der Frage; sehen wir aber näher hinein, so haben wir sehr große Schwierigkeiten. Die Kasse muß für jeden Ausgeschiedenen, auch wenn er nur ein Vierteljahr bei ihr gewesen ist, weiter Buch führen, sie muß ihn in ihren Listen führen. Wenn wir nur einen Mitgliederwechsel von 10 pCt. annehmen, dann hat sie nach 10 Jahren die doppelte Anzahl der Mitglieder, nämlich die inaktiven Mitglieder, die sich irgend wo in der Welt befinden, und ihre aktiven Mitglieder, und das wird von Jahr zu Jahr schlimmer. Sie muß sie aber nicht nur in den Büchern führen, sondern sie muß auch die Prämienreserve in jedem Jahr neu berechnen, und zwar mit Rücksicht auf den Umstand, daß die Reserven von Jahr zu Jahr steigen, nicht nur durch die Zinsen, sondern daß sie sich versicherungstechnisch erhöhen.

Dann aber — und nun kommt die Quintessenz —: wenn der Versicherte invalide wird, stellt er den Anspruch an den Rentenausschuß. Der Rentenausschuß hat zu entscheiden. Nach § 373 des Gesetzes ist zur Leistung dem Berechtigten gegenüber nur die Reichsversicherungsanstalt verpflichtet. Mithin sind zur Anfechtung der Entscheidungen des Rentenausschusses auch nur berechtigt: erstens der Versicherte, zweitens die Reichsversicherungsanstalt, mit anderen Worten: es ist etwa ein Mann ein halbes Jahr in irgend einer Firma gewesen, die keine besondere Pensionseinrichtung hat, und dann tritt er zu einer Firma über mit einer Pensionsanstalt, ist dort sein ganzes Leben weiter angestellt, und dort stellt er jetzt den Antrag, ihn zu pensionieren. Dann entscheidet nicht die Anstalt, die Pensionskasse, die ihn genau kennt, die über ihn die ganzen Jahre genau Bescheid weiß, sondern der fremde, irgend wo sitzende Rentenausschuß, und wenn der Rentenausschuß dann die Rente anerkennt, dann hat die Pensionskasse sie auf dem Umwege über die Reichsversicherungsanstalt fast ganz zu zahlen. Anfechten kann sie die Entscheidung nicht; derjenige, der die Last hat, hat nicht das Anfechtungsrecht. Das ist eine Bestimmung, die ganz bestimmt einer Abänderung bedarf. Etwas anderes habe ich aus § 373 nicht herauslesen können, denn es ist nur vorgesehen, daß die Pensionsanstalt sich wegen der Berechnung des Deckungskapitals mit der Reichsversicherungsanstalt auseinandersetzt. Die Berechnung der Höhe dieses Deckungskapitals geschieht durch den Bundesrat beziehungsweise durch das Reichsamt des Innern. Da können die Kassen die Gefahr laufen, daß diese Berechnungen für sie recht unangenehm ausfallen. Deshalb schlägt man vor, es doch zu machen wie Oesterreich. Wenn wir die vielen Fehler, die Oesterreich gemacht hat, alle nachmachen — warum sollen wir nicht im Einzelfalle auch einmal einen guten Gedanken, den Oesterreich gehabt hat, ebenfalls für uns in Deutschland akzeptieren? (Heiterkeit), und das ist der: mit dem Versicherten reist sein Deckungskapital, und infolgedessen ist der Versicherte immer nur bei einer Kasse versichert. Man hat gesagt, das gibt viel Rechnerei und Schreiberei. Das ist nicht so gefährlich. Es gibt Tabellen, nach denen man ohne weiteres nachrechnen kann, wie hoch die Reserve ist. Die Oesterreicher haben sie eingeführt, und wir könnten sie genau so einführen. Dann kann am Ende des Vierteljahres die Pensionskasse aufstellen: im Laufe dieses Vierteljahres sind bei uns ausgeschieden die und die und die, also haben wir an die Reichsanstalt den und den Betrag zu überweisen, und sie schreibt ferner: dagegen sind für die Betreffenden — man stellt für einen Ausgeschiedenen doch meist einen anderen ein — die und die eingetreten. Die Reichsversicherungsanstalt berechnet auf dieser Grundlage, was für diese zu bezahlen ist, und der Saldo wird beglichen. Das ist ein einfaches System. Wenn wir berücksichtigen, daß die Zahl der Ersatzkassen nicht so sehr groß ist, so werden auch die Ueberweisungen nicht so sehr häufig sein. In Oesterreich haben im Jahre 1910 nur 1 365 Uebertritte stattgefunden, wobei nicht sicher ist, ob nicht hier noch die Ersatzverträge mitgerechnet sind.

Wenn in diesen drei Punkten, die ich erwähnt habe, die Reichstagskommision in zweiter Lesung den Wünschen der Industrie nachgibt, dann können die Bestimmungen über die Ersatzkassen eine Form erhalten, die für die Industrie zweckmäßig ist, und wenn ich sage: für die Industrie, so meine ich in erster Linie: für die Angestellten. Nicht für sich selbst hat die Industrie die Fürsorgeeinrichtungen geschaffen, sondern für die Angestellten, und die Angestellten trifft man, wenn man den Ersatzkassen diese großen Schwierigkeiten macht.

Die Reichstagskommission hat dann schon einen Beschluß gefaßt, Versicherungseinrichtungen den Ersatzkassen gleichzustellen, und es ist zu wünschen, daß auch in zweiter Lesung es dabei bleibt. Ich nehme dabei an, daß es sich in erster Linie um Stiftungen handelt. Ob man Pensionsverträge, wie sie namentlich bei den großen schlesischen Magnaten sich finden, ebenfalls als Ersatzverträge anerkennen kann, das erscheint mir zweifelhaft, weil die Berechnung beim Uebertritt sich hier natürlich schwieriger gestaltet.

Bezüglich der Zuschußkassen erscheint mir eine Aenderung notwendig und zwar dahingehend: Nach dem jetzigen Paragraphen in dem Angestelltengesetz — das ist der § 362 — ist für das Verbleiben als Zuschußkasse eine ganz bestimmter Weg vorgesehen, nämlich der, daß sie die Leistungen der Angestelltenversicherung auf ihre eigenen anrechnen, unter der Voraussetzung, daß sie die Beiträge aus Mitteln der Kasse entrichten und die Arbeitgeber Zuschüsse zu den Kassen zahlen, die mindestens der Hälfte der nach dem Entwurf zu entrichtenden Beiträge gleichkommen. Hier scheint mir die Regelung, die der § 1321 der Reichsversicherungsordnung vorsieht, zweckmäßiger, weil er den Zuschußkassen eine größere Freiheit läßt. Der § 1321 der Reichsversicherungsordnung sagt nur, daß die Zuschußkassen die Leistungen der Reichsversicherungsordnung ganz oder teilweise auf ihre eigenen anrechnen können, überläßt ihnen aber die Regelung, wie die Beiträge an die Reichsversicherung zu zahlen sind. Deshalb bitte ich Sie, in der Ihnen vorliegenden Resolution unter 5 noch einen dahingehenden Zusatz aufzunehmen, den ich mir vorzulesen erlaube:

„Bezüglich der Zuschußkassen ist dieselbe Regelung vorzusehen wie § 1321 der Reichsversicherungsordnung, damit für die bevorstehenden Satzungsänderungen der Zuschußkassen ein solcher Spielraum gelassen wird, daß in jedem Fall derjenige Weg gewählt werden kann, der für die Kassenmitglieder am vorteilhaftesten ist."

Dann noch ein Wort zur Frage der Lebensversicherung. Wir werden es alle sicher sehr bedauern, daß der Tätigkeit der Lebensversicherungs-Gesellschaften durch den vorliegenden Entwurf fraglos große Schwierigkeiten in den Weg gelegt werden. Es ist wieder ein Fall, wo der Privatinitiative und der Privattätigkeit das Feld eingeschränkt wird, und alle derartigen Einschränkungen, wie wir ihnen ja auf Schritt und Tritt begegnen, müssen auf die Produktivität eines Volkes auf die Dauer einen ungünstigen Einfluß ausüben. Aber wir müssen doch auch anerkennen: eine Reichsversicherung mit vollständiger Freiheit der Lebensversicherung daneben ist praktisch nicht durchführbar. Zu wünschen wäre nur, daß die Reichstagskommission nicht die Bestimmungen, die heute im Gesetz enthalten sind, noch verschärft. Sie hat ja den Beschluß gefaßt, die nach dem 15. Oktober abgeschlossenen Verträge nicht mehr anzuerkennen. Ob es wirklich so viele sind, daß die Reichsversicherung bedroht würde, möchte ich ganz entschieden bezweifeln. Ich habe von einer flüchtigen Umfrage der Versicherungsgesellschaften gehört, daß es sich immer nur um recht wenige Versicherungen handelt, vielleicht um 10000, die bei zwei Millionen Versicherten ja nicht in die Wagschale fallen. Das sind Leute, die gesagt haben: ich sorge vor, wie es meinen Bedürfnissen entspricht, der Entwurf will mir ja die Freiheit geben, und diese Leute werden durch eine solche Rückdatierung außerordentlich schwer getroffen. Dann muß man sich ja auch fragen: Wie wird das Verhältnis zu den Lebensversicherungen zu lösen sein? Die Versicherten haben doch bereits die Prämien bezahlt. Das geht alles nicht ohne Härten ab. Darum möchte ich dringend bitten, von der Rückdatierung Abstand zu nehmen und nach dieser Richtung hin doch noch eine weitere Befreiung eintreten zu lassen. Bei uns namentlich im Westen, in den großen Werken, ist es vielfach üblich gewesen, anstatt eine eigene Pensionskasse zu errichten, die Angestellten insgesamt, ohne Ausnahme, bei einer Lebensversicherung zu versichern, was auf denselben Effekt wie eine Pensionsversicherung hinauskommt. Diese Werke sind nun jetzt in einer sehr unangenehmen Lage insofern, als sie vielfach mit den Versicherungsgesellschaften einen Vertrag abgeschlossen haben, durch den sie sich verpflichten, alle Angestellten auch künftighin bei diesen Versicherungsgesellschaften zu versichern. Selbst wenn man sich hier einigen würde und einigen könnte, so hätte es doch für diese Unternehmungen die Unannehmlichkeit, daß sie nun immer mit zwei Gruppen zu tun haben, und daß alle private Fürsorge, die die Firmen vorgesehen haben, doch eine erhebliche Schmälerung erführe. Deshalb sollte man, soweit derartige Einrichtungen bestehen — es sind ja nicht so viel — hier eine Freiheit lassen, genau so, wie es auch der Centralverband Deutscher Industrieller in seiner Resolution auf der letzten Delegiertenversammlung verlangt hat, so, wie der Gedanke in der vorliegenden Resolution noch einmal formuliert worden ist.

Wir wollen uns aber über eins nicht täuschen. Wenn auch in der Frage der Ersatzkassen, wenn zweitens in dieser Frage der Lebensversicherung noch kleine Zugeständnisse erfolgen — wieweit, das steht ja heute noch dahin —, so wird damit das Gesetz selbst zwar in etwas verbessert, aber die großen Mängel, die ich vorhin angedeutet habe, bleiben bestehen und sie machen meines Erachtens den vorliegenden Entwurf nach wie vor für die Industrie unannehmbar. (Sehr richtig!) Wenn der erste Bericht der österreichischen Angestellten sagt: Die Hast, mit der die Annahme geschah, blieb nicht ohne manche abträglichen Folgen für die Fassung des Gesetzes, so wird das Urteil über das deutsche Gesetz weit strenger lauten. Es wird dahin gehen: Regierung und Parteien sahen über die Mängel hinweg, weil für sie die einzige Richtschnur war, vor den Wahlen schnell ein Gesetz zustande zu bringen (lebhafte Zustimmung), unbekümmert um die Wirkungen. (Sehr richtig!) Das ist eine Auffassung, wie sie einst die lebensfrohe Marquise von Pompadour in die Worte zusammengefaßt hat: „Nach uns die Sintflut." Das ist aber eine Auffassung, die die gewerbtätigen Stände des deutschen Volkes niemals als gesetzgeberische Maxime anerkennen können. (Lebhafter Beifall.)

Vorsitzender: Meine Herren! Ich glaube, es wird zweckmäßig sein, wenn wir, bevor wir in die Diskussion über den eben gehörten Vortrag eintreten, den Beschlußantrag, den Herr Professor Moldenhauer entworfen hat, zur Verlesung bringen.

Ich mache darauf aufmerksam, daß in dem Eingangssatze, in dem ersten Satze unterlassen worden ist, auf die schon einmal erfolgte Beschlußfassung des Centralverbandes in dieser Angelegenheit hinzuweisen. Es ist gestern abend — es war allerdings schon recht spät geworden — in der Ausschußsitzung der Beschluß gefaßt worden, auf den Beschluß dieser Delegiertenversammlung vom 28. Oktober 1907 ausdrücklich hinzuweisen. Dementsprechend muß die Vorlage, die Ihnen gemacht worden ist, etwas anders gefaßt werden. Ich möchte Ihnen das vorlesen.

„Der Centralverband Deutscher Industrieller hat schon in seiner Delegiertenversammlung vom 28. Oktober 1907 sich grundsätzlich für die Versicherung der Angestellten ausgesprochen, obwohl diese Versicherung der Industrie weitere bedeutende Opfer auferlegt.

Er bleibt aber bei der Ansicht, daß auch jetzt noch der Frage näher getreten werden muß, ob diese sachlich überaus wichtige Frage nicht auf anderem Wege, etwa auf dem Wege des Anschlusses an die Invalidenversicherung, einer befriedigenden Lösung entgegengeführt werden kann."

Das ist also der Absatz 1, wie er nach dem Beschluß der gestrigen Ausschußsitzung gefaßt werden sollte.

Ich bitte Herrn von Lyncker, das übrige vorzulesen.

Dr. Freiherr **von Lyncker**-Berlin (liest):

„In dieser Auffassung wird der Centralverband nunmehr besonders durch die Ergebnisse der von zahlreichen angesehenen wirtschaftlichen Verbänden gebildeten Arbeitszentrale für die Angestelltenversicherung bestärkt. Die Arbeiten dieser Zentrale zeigen, daß alle gegen den Ausbau der Arbeiterversicherung von der Regierung vorgebrachten Einwendungen nicht stichhaltig sind, daß aber andererseits das Reichsamt des Innern die Kosten der Sonderversicherung um mindestens 100 Millionen Mark unterschätzt hat. Unter diesen Umständen hätte man erwarten dürfen, daß Reichsregierung und Reichstag in eine ernsthafte Prüfung der Frage des Ausbaus der Arbeiterversicherung eingetreten wären. Das ist aber leider nicht geschehen. Vielmehr ist man fast ohne Debatte über die von der überwiegenden Mehrheit der deutschen Industrie und vom Deutschen Handelstag geäußerten Bedenken hinweggegangen, um noch vor Toresschluß ein Gesetz, so fehlerhaft es auch sein mag, zustande zu bringen. Gegen eine derartige gesetzgeberische Arbeit und eine derartig rücksichtslose Behandlung der Interessen von Handel und Industrie erhebt der Centralverband den schärfsten Widerspruch.

Sollten aber die Verbündeten Regierungen und der Reichstag trotz aller sachlichen Einwendungen auf der Verabschiedung des Gesetzes bestehen, so muß der Centralverband mindestens fordern, daß die im Entwurf vorgesehenen Bestimmungen über die Ersatzkassen und die Versicherungsverträge mit Lebensversicherungsunternehmungen nicht verschlechtert, sondern im Gegenteil verbessert werden und zwar durch folgende Bestimmungen:

1. Auch künftig zu errichtende Werkkassen können als Ersatzkassen zugelassen werden, wenn sie den im Gesetz aufgeführten Voraussetzungen entsprechen.
2. Werkkassen gelten als genügend sicher, wenn sie vom Kaiserlichen Aufsichtsamt für Privatversicherung zugelassen sind oder dieses ihre Grundlage für einwandfrei erklärt hat.

3. Die Freizügigkeit wird dadurch gewährleistet, daß bei Uebertritt eines Angestellten von einer Werkkasse zur Staatsanstalt und umgekehrt die Prämienreserve überwiesen wird, so daß der Angestellte stets nur bei einer Kasse versichert ist. Nach der jetzt im Entwurf vorgesehenen Regelung wird den Werkkassen nicht nur eine große Verwaltungsarbeit aufgebürdet, sondern es wird ihnen auch das Recht der Entscheidung, ob ein Versicherungsfall vorliegt, in den meisten Fällen genommen, ja es wird ihnen noch nicht einmal die Möglichkeit gewährt, die Entscheidungen der Rentenausschüsse anzufechten.
4. Wohlfahrtseinrichtungen der Arbeitgeber, die dieselben Zwecke wie Ersatzkassen verfolgen, sind diesen gleichzustellen.
5. Bezüglich der Zuschußkassen ist dieselbe Regelung vorzusehen, wie in § 1321 der Reichsversicherungsordnung, damit für die bevorstehenden Satzungsänderungen den Zuschußkassen ein solcher Spielraum gelassen wird, daß in jedem Fall derjenige Weg gewählt werden kann, der für die Kassenmitglieder am vorteilhaftesten ist.
6. Arbeitgeber, welche beim Inkrafttreten des Gesetzes Zuschüsse zu den Lebensversicherungsprämien ihrer Angestellten mindestens in Höhe der gesetzlichen Arbeitgeberbeiträge zahlen und ihren Angestellten auf die Versicherungssumme einen Rechtsanspruch eingeräumt haben, werden für die Dauer des Bestehens dieser Fürsorgeeinrichtung von der gesetzlichen Beitragspflicht sowohl hinsichtlich der bisher versicherten als auch hinsichtlich der zukünftig zur Versicherung gelangenden Angestellten gemäß § 381 des Gesetzentwurfes befreit, vorausgesetzt, daß die in Betracht kommenden Versicherungsgesellschaften sich verpflichten, für die gesundheitlich nicht einwandfreien Risiken die Versicherungen zu den Normal-Versicherungs-Bedingungen und -Prämien mit längstens der gesetzlichen Wartezeit abzuschließen.

Bei Aufstellung dieser Forderungen hat sich der Centralverband von der Ueberzeugung leiten lassen, daß das Weiterbestehen und die Weiterentwickelung der von den einzelnen Betrieben geschaffenen Versicherungseinrichtungen im besonderen Interesse der Angestellten liegt, der Gesetzgeber aber alle Maßregeln privater Fürsorge fördern muß, und sie nicht, wie der Entwurf es will, nach Möglichkeit hemmen darf.“

Vorsitzender: Ich eröffne nun die Diskussion.

Kommerzienrat Dr. **Kauffmann**-Schweidnitz: Meine Herren, in seinem überaus gehaltvollen und lichtvollen Vortrage, der ja des Interessanten die Hülle und Fülle bot, und der vor allen Dingen das überaus gründliche Studium verrät, das Herr Professor Moldenhauer dem vorliegenden Gesetzentwurf gewidmet hat, hat der Herr Professor an einer Stelle gesagt: „Wir wollen nicht nur negative Kritik üben, wir wollen vielmehr versuchen zu bessern, was es noch zu bessern gibt." Ich stimme ihm hierin vollständig zu, bin jedoch der Ansicht, daß gerade in dieser Beziehung der hier uns vorliegende Beschlußantrag etwas dürftig ausgefallen ist. Dieser Beschlußantrag legt die bessernde Hand nur an einer einzigen Stelle an, nämlich in dem Punkte der Ersatzkassen. So wichtig nun die Frage der Ersatzkassen ist — ich erkenne sie als eine der besonders im Vordergrunde des Interesses stehenden Fragen an —, so bin ich doch der Ansicht, daß auch einige andere Einzelpunkte, die der Herr Professor vorgetragen hat und erwähnt hat, sowie auch einige andere Einzelpunkte, die ich mir jetzt erlauben werde, noch vorzutragen, von solcher Bedeutung sind, daß sie sich wohl dazu eignen, in der Resolution noch besonders erwähnt zu werden. Ich werde mir erlauben, bezüglich einzelner weniger dieser Punkte hier einen Zusatzantrag zu stellen. Ich möchte glauben, das das den Wert der Resolution nur steigern kann. Ich habe bei dem gegenwärtigen Wortlaut der Resolution geradezu das Bedenken, daß aus dem Umstande, daß hier nur der Punkt der Ersatzkassen besonders behandelt ist, der Schluß gezogen werden könnte, als sei die deutsche Industrie mit allen übrigen Einzelbestimmungen des Entwurfes im großen ganzen einverstanden.

Ich möchte zunächst den Kreis der versicherungspflichtigen Personen hier Ihrer Betrachtung unterwerfen. Der Kreis der versicherungspflichtigen Personen ist ja im § 1 des Gesetzentwurfes umschrieben, und mir scheint, als ob die Fassung dieses Paragraphen gerade im industriellem Interesse noch eine gewisse Aenderung erfahren könnte. Herr Professor Moldenhauer hat zwar nicht in seinem heutigen Vortrage, wohl aber in dem interessanten Vortrage, den er über denselben Gegenstand am 15. oder 16. September 1911 in der Delegiertenversammlung des Vereins zur Wahrung der Interessen der chemischen Industrie Deutschlands in Stuttgart gehalten hat und der mir gedruckt vorliegt, nach Seite 3 dieser Druckschrift ausdrücklich folgendes hervorgehoben:

„Ich will das aber zurückstellen und auf die Einwendungen eingehen, die sich aus besonderen Gründen herleiten. Das ist einmal die große organisatorische Schwierigkeit, die Privatbeamten überall scharf vom Arbeiter zu trennen. Es erscheint zunächst sehr einfach, denn man denkt gewöhnlich nur an die Handlungsgehilfen, und es ist klar, daß diese nicht zu den Arbeitern gehören; aber es gibt andere Fälle, in denen es sehr zweifelhaft ist. Das gilt z. B. von dem Monteur, bei dem es recht fraglich ist, ob er als Arbeiter oder als Angestellter in Betracht kommt, es gilt auch von den Vorarbeitern, den Kellnern, den Portiers und zahlreichen anderen Personen."

Hier hat also Herr Professor Moldenhauer immerhin in den Bereich der Möglichkeit gezogen, daß gewöhnliche Vorarbeiter der industriellen Werke unter den § 1, unter den Kreis der versicherungspflichtigen Personen fallen könnten, und der gleichen Befürchtung ist in meiner Heimatprovinz Schlesien bei der Beratung dieses Gesetzentwurfes, die in verschiedenen industriellen und kommerziellen Körperschaften stattgefunden hat, von mehreren Seiten Ausdruck gegeben worden. Ich halte das doch für eine sehr bedenkliche Sache, daß man den Kreis der Versicherungspflichtigen nun so weit wird ziehen können, daß man auch gewöhnliche Vorarbeiter der Fabriken mit hineinzieht. Das erscheint um so weniger notwendig, als ja alle diese Kreise, um die es sich hier handelt, schon ohnehin dem allgemeinen Invalidenversicherungsgesetz unterliegen, und es erscheint uns wünschenswert, dieser Doppelversicherungspflicht wenigstens nur einen möglichst engen Kreis von Leuten zu unterwerfen und die Vorarbeiter, die nicht eine selbständig leitende Stellung in irgendeinem Betriebe einnehmen, auszuschließen; dazu erscheint es uns notwendig, daß der § 1 des Gesetzentwurfes eine andere Fassung erhält. Gerade die jetzige Fassung, die hier von Angestellten in ähnlich gehobener Stellung spricht, und dieser vage Ausdruck „in ähnlich gehobener Stellung" wohl vorzugsweise, geben zu der Befürchtung Anlaß, daß die Grenze der versicherungspflichtigen Personen derart weit gezogen werden wird.

Nun haben wir ja schon andere Gesetze, in welchen der Begriff der industriellen und gewerblichen Angestellten im Gegensatz zu industriellen und gewerblichen Arbeitern ganz ausdrücklich festgelegt ist; das ist die Gewerbeordnung, die in ihrem § 133a die Personen besonders hervorhebt, die nicht Arbeiter, sondern Angestellte sind, und die im Gegensatz zu den Arbeitern einer sechswöchentlichen Kündigungsfrist unterliegen. § 133a der Gewerbeordnung bezeichnet diesen Kreis von Leuten ausdrücklich als die „im Dienstverhältnis von Gewerbeunternehmern gegen feste Bezüge beschäftigten Personen, welche nicht lediglich vorübergehend mit der Leitung oder Beaufsichtigung des

Betriebes oder einer Abteilung desselben beauftragt (Betriebsbeamte, Werkmeister und ähnliche Angestellte) oder mit höheren technischen Dienstleistungen betraut sind (Maschinentechniker, Bautechniker, Chemiker, Zeichner und dergleichen)."

Auf Grund dieses Paragraphen liegt auch bereits eine eingehende Judikatur der Gerichte darüber vor, daß Zuschneider, Stuhlmeister in der Textilindustrie usw., welche im wesentlichen die Stellung eines Vorarbeiters und keine selbständige Leitung oder Ausübung haben, nicht zu dem Begriff der Angestellten im Sinne dieses Paragraphen gehören.

Mein Vorschlag geht nun dahin, es möchte in § 1 des vorliegenden Gesetzentwurfs, der die Kategorie der versicherungspflichtig werdenden Personen ausdrücklich bezeichnet und umschreibt, dies zum Ausdruck kommen. Ich möchte mir bezüglich dieses Punktes einen Zusatzantrag zur Resolution gestatten, welcher folgendermaßen lautet:

> „Bezüglich des Kreises der versicherungspflichtigen Personen erscheint es wünschenswert, in § 1, Ziffer 2 des Gesetzes deutlich zum Ausdruck zu bringen, daß von den industriellen und gewerblichen Angestellten nur diejenigen unter das Versicherungsgesetz für Angestellte fallen sollen, welche in § 133a R.G.O. umschrieben sind und für deren Abgrenzung gegen die Arbeiterschaft sich feste Normen, insbesondere durch die ergangene Judikatur herausgebildet haben."

Einen weiteren Punkt hat Herr Professor Moldenhauer schon erwähnt, der mir auch große Wichtigkeit zu haben scheint, nämlich die Frage der Regelung des Fehlbetrages, der sich eventuell herausstellen kann. Bezüglich dieser Frage hat Herr Professor Moldenhauer darauf hingewiesen, daß die Fassung im ursprünglichen Entwurf ganz anders lautete als in dem jetzigen Entwurf, und es ist in der Tat auffallend, daß die Begründung des jetzigen Entwurfs über die sehr wesentliche Veränderung, die gerade diese Bestimmung gegenüber dem ursprünglichen Entwurf gefunden hat, kein Wort verlauten läßt. Man ist darüber mit Stillschweigen hinweggegangen. Der § 178 des ursprünglichen Entwurfs lautete: „Ergibt die Bilanz einen Fehlbetrag, so sind durch Gesetz entweder die Beiträge zu erhöhen oder die Leistungen herabzusetzen." Jetzt aber lautet der dementsprechende § 175: „Ergibt die Bilanz einen Fehlbetrag, so erhöht der Bundesrat die Beiträge entsprechend. Ergibt sie einen Ueberschuß, so können in gleicher Weise die künftig zu gewährenden Leistungen erhöht werden." Also während früher der Reichstag darüber zu entscheiden hatte, so jetzt der Bundesrat. Der Herr Professor hat schon hervorgehoben, daß das ein Mangel ist. Die Begründung gibt nicht den geringsten Grund an, der zur Abänderung gerade dieser Bestimmung geführt hat, und ich würde den Punkt für so wichtig halten, daß ich vorschlagen würde, auch diesen Punkt mit zum Gegenstande der Resolution zu machen. Ich würde daher folgenden Zusatz zur Resolution mir vorzuschlagen erlauben:

„Bezüglich der Regelung bei einem Fehlbetrag in der Bilanz (§ 175) ist die Fassung des ursprünglichen Gesetzentwurfs (§ 178 Absatz 1) wiederherzustellen."

Sodann hat der Herr Professor auch wohl schon erwähnt, daß wir uns mit einer Mehrbelastung der Arbeitgeber und der Angestellten über den Regierungsentwurf hinaus nicht einverstanden erklären können. Mir scheint aber die Gefahr, daß der Regierungsentwurf in dieser Hinsicht noch erweitert werden könnte, durchaus nicht ganz ausgeschlossen. Es hat jetzt der Reichstagskommission ein Antrag der Wirtschaftlichen Vereinigung vorgelegen, der dahin ging, es sollte die Gehaltsgrenze der versicherungspflichtigen Personen von 5000 auf 8000 M. erhöht werden. Allerdings hat der Antrag auch in der Kommission keine Unterstützung gefunden. Aber völlig ausgeschlossen dürfte es vielleicht doch nicht sein, daß in weiteren Lesungen, die der Entwurf noch in der Kommission und im Plenum finden wird, nach dieser Richtung hin Ueberraschungen zu erwarten sind, so daß die Lasten, die Arbeitgebern und Angestellten aus dem Versicherungsgesetz erwachsen werden, noch über den Regierungsentwurf hinaus gesteigert werden könnten, und ich glaube doch, daß es Aufgabe des Centralverbandes sein kann, diesem nach Möglichkeit vorzubeugen. Ich möchte daher anregen, in der Resolution durch einen Zusatzantrag das ebenfalls noch zum Ausdruck zu bringen, indem ich vorschlagen würde, zu sagen:

„Jede Mehrbelastung der Arbeitgeber und der Angestellten über die durch die Regierungsvorlage gezogenen Grenzen hinaus muß zurückgewiesen werden."

Das wären die drei Punkte, bezüglich deren ich mir die drei Zusatzanträge zu erlauben hätte.

Einen anderen Punkt hat der Herr Professor gestreift, auf den ich auch Ihre Aufmerksamkeit einmal hinlenken möchte. Es ist eine Anregung, die von mir schon in der gestrigen Ausschußsitzung gegeben worden ist. Während der Kohlenbergbau in Rheinland und

Westfalen größtenteils durch Aktiengesellschaften vertreten wird, ist das im schlesischen Bergbau bis jetzt zum größten Teile nicht der Fall. Die bergbaulichen Unternehmungen, selbst die größten, sind dort in den Händen von einzelnen Unternehmern. Es sind aber in erster Linie die außerordentlich reichen alten Adelsfamilien, die dort neben ihrem ausgedehnten Großgrundbesitz gleichzeitig auch den Bergbau betreiben. Diese Arbeitgeber pflegen nun vielfach ihre Beamten lebenslänglich und mit Pensionsberechtigung anzustellen, in ganz gleicher Weise und nach den gleichen Normen wie die Staatsbeamten. Die betreffenden Angestellten genießen nun diese im Wege des Anstellungsvertrages ihnen zugesicherten Pensionsbezüge, die weit über den jetzigen Gesetzentwurf hinausgehen und auf der Grundlage der staatlichen Pensionen berechnet sind. So, wie diese Herren die Forstbeamten, die sie aus dem Staatsdienst in ihren Dienst übernehmen, hinsichtlich der Pensionsberechtigung den Staatsbeamten gleichstellen müssen, genau so tun sie das zum Teil auch hinsichtlich derjenigen Beamten, die sie in ihren bergbaulichen Dienst nehmen. Das gleiche gilt auch von manchen Gewerkschaften, und es ist nun ein Wunsch dieser Kreise in Schlesien, daß auch diejenigen Privatbeamten, die derartige feste pensionsberechtigte Anstellungsverträge haben, in gleicher Weise wie pensionsberechtigte Staatsbeamte oder wie die Mitglieder von Ersatzkassen von der Versicherungspflicht auf Grund des neuen Entwurfes ausgenommen werden möchten. Hinsichtlich der Sicherheit besteht in den betreffenden Fällen wohl keinerlei Bedenken. Die betreffenden Unternehmer sind derart gut fundiert, daß sie nach dieser Richtung hin mindestens die gleichen Garantien bieten, wie sie auf Grund des neuen Gesetzes von den Ersatzkassen gefordert werden. Selbstverständlich würde eine Nachprüfung dieser Sicherheit in der gleichen Weise stattfinden müssen wie bei den Ersatzkassen. Es ist daher die Anregung gegeben worden, man solle versuchen, diese Beamten aus dem Kreise der versicherungspflichtigen Personen herauszunehmen. Ich bin schon gestern darauf hingewiesen worden, daß ein dahingehender Antrag nach Lage der Dinge wohl aussichtslos sein würde und insbesondere wohl deshalb aussichtslos sein würde, weil in diesen von mir erwähnten Fällen, eine so tadellose Sicherstellung der Zukunft diese Betriebe für die Betreffenden auch böten, doch der Grundsatz der Freizügigkeit, der allgemein dem jetzigen Gesetzentwurf zugrunde liege, nicht gewahrt sei, denn alle diese Zusicherungen gelten natürlich nur so lange, wie die betreffenden Beamten in den Werken bleiben. Kündigen sie ihre Stellung, gehen sie in andere Dienste, so erlischt dadurch der Pensionsanspruch, und ich wurde darauf aufmerksam gemacht, daß aus diesem Grunde es völlig aussichtslos sei, hier ohne Verletzung des Prinzips der Freizügigkeit diese betreffenden Beamten aus dem Kreise der versicherungspflichtigen Personen herauszubekommen. Ich lasse also diese Anregung fallen, möchte aber nunmehr die drei Zusatzanträge, die ich mir zu stellen erlaubt habe, nochmals verlesen. (Geschieht.)

Professor **Moldenhauer**-Köln: Meine Herren! Bei Abfassung der Resolution habe ich mich von dem Gedanken leiten lassen, einmal den großen grundsätzlichen Standpunkt zum Ausdruck zu bringen, den der Centralverband damals in dieser Frage eingenommen hat und den er heute einnimmt, dann aber, wie die Dinge heute vorgeschritten sind, nicht eine Fülle von Einzelheiten herauszunehmen (sehr richtig!), sondern nur noch die große Frage, die wir damals ja auch ganz besonders behandelt haben, noch einmal in den Vordergrund zu rücken, die Behandlung der Ersatz- und Zuschußkassen. Wenn wir daran gehen, die einzelnen Fragen aufzugreifen, dann bleiben wir natürlich nicht bei diesen paar Fragen stehen, sondern dann müssen wir noch viel mehr aufgreifen. Gerade was Herr Kommerzienrat Kauffmann befürchtet, daß so der Anschein erweckt wird, als ob wir mit allem anderen einverstanden sind, das wird eintreten, wenn wir uns zu diesem und jenem Paragraphen noch ganz besonders melden, denn dann wird man sagen: also mit der Rechtsprechung zum Beispiel seid Ihr einverstanden, daß da das Oberversicherungsschiedsgericht ist, das mit dem Reichsversicherungsamt keinen Zusammenhang hat, und mit der Frage der Weiterversicherung seid Ihr auch einverstanden und mit den und den Fragen auch. Gerade daraus, daß wir an sich in der Resolution keinen Zweifel daran lassen, daß wir das Gesetz in dieser Form nicht wünschen, geht doch hervor, daß wir in die Einzelheiten nicht einzudringen wünschen, daß wir vielmehr nur noch die Hauptgesichtspunkte hervorheben.

Dazu kommt, daß es natürlich auch sehr bedenklich ist, jetzt im Moment zu einzelnen Bestimmungen noch besonders Stellung zu nehmen. Das ist von den vielen Verbänden ja in Eingaben geschehen, die auch zum Teil Berücksichtigung gefunden haben. Aber uns jetzt auf einzelne Fragen festzulegen, davon möchte ich dringend abraten.

Was gleich den ersten Antrag angeht, den § 133a der Gewerbeordnung hierher zu übertragen, so weise ich darauf hin, daß es sich im § 1 Ziffer 2 nicht nur um industrielle Beamte handelt; die Schwierigkeiten liegen gerade bei den nicht gewerblichen Angestellten. Also hier in letzter Stunde zu versuchen, das Problem der Definition der Privatbeamten zu lösen, nach dessen Lösung man jahrelang umsonst gerungen hat, scheint mir doch etwas sehr bedenklich. Ich habe mir den Vorschlag des Herrn Kommerzienrat Kauffmann heute, nachdem ich ihn gestern schon hörte, durch den Kopf gehen lassen. Eine wirkliche Lösung kann ich auch darin nicht erblicken, und da sollten wir lieber auch diesen zurückstellen.

Das gilt in gleichem Maße von den anderen Vorschlägen, die man im einzelnen sicher verteidigen kann. Ich habe ja auch schon in meinem Vortrage darauf hingewiesen, daß es wünschenswert sei, daß der Reichstag bei der Erhöhung der Beiträge mit das Wort spricht. Auch da begehen wir einen kleinen Fehler, wenn wir die alte Fassung wieder herstellen. Die alte Fassung war nämlich unlogisch. Da hieß es: die Beiträge zu erhöhen oder die Leistungen herabzusetzen, während die Leistungen gerade von den Beiträgen abhängen. Sie drücken sich ja in einem Teil der Beiträge aus. Da war der Ausdruck inkorrekt. Wir hätten also statt dessen sofort einen neuen Ausdruck zu finden, und ich glaube nicht, daß die Stunde dazu angetan ist, nun nach der Richtung neue Vorschläge zu machen.

Ich möchte infolgedessen sehr empfehlen, lieber von diesen Einzelvorschlägen abzusehen und die Resolution in der vorliegenden Form anzunehmen.

Justizrat **Wandel**-Essen: Ich möchte nur ein paar Worte zu dem Vorschlage des Herrn Kommerzienrat Kauffmann sagen, den § 133a der Gewerbeordnung in das Gesetz hineinzusetzen, oder darauf Bezug zu nehmen. Die Definition, die da mitgegeben ist, würde meines Erachtens viel zu eng sein, denn es sind im § 133a ja nur die technischen Angestellten in höherer Stellung erwähnt. Unter die gewerblichen Angestellten gehören aber doch noch sehr viele andere Leute: die Bureauangestellten, die Buchhalter und alle möglichen anderen Personen, die in großen industriellen Werken beschäftigt sind; die würden dann aus dieser Definition herausfallen. Meine Herren! Ich glaube, Herr Professor Moldenhauer hat ganz recht, wenn er davon abrät, uns hier den Kopf zu zerbrechen, wie eine Definition des Angestelltenbegriffs zu finden sei. Ich habe übrigens gerade in einem mir hier vorliegenden Kommentar zu § 133a der Gewerbeordnung gelesen, daß dort ein ganz fließender und unbestimmter Begriff aufgestellt ist, der uns also in keiner Weise weiter hilft. Ich möchte vorschlagen: Ueberlassen wir es der künftigen Reichsanstalt, sich den Kopf über diese Definition zu zerbrechen. Es ist das eine Aufgabe, um die ich sie nicht beneide. (Heiterkeit.)

Kommerzienrat Dr. **Kauffmann**-Schweidnitz: Ich möchte zunächst den Herrn Professor Moldenhauer mit seinen eigenen Worten fassen. Herr Professor Moldenhauer hat selbst gesagt, wir wollen nicht nur negative Kritik üben, wir wollen versuchen zu bessern, was es noch zu bessern gibt. Ich finde es tatsächlich sehr einseitig, wenn man die Besserung lediglich auf dem Gebiete der Ersatzkassen sucht.

Hier zu allen möglichen Einzelheiten Abänderungsvorschläge einbringen zu wollen, hat mir ganz fern gelegen. Es sind im ganzen drei Punkte, die ich hier vorgeschlagen habe, und die ich eben deswegen glaubte als Zusatzanträge zur Resolution in Vorschlag bringen zu dürfen, weil mir gerade diese Punkte als ganz besonders wichtige und als solche Punkte erscheinen, die ein ganz spezielles Interesse für die Industrie haben.

Ich lasse nun den einen Punkt auf Wiederherstellung des § 178 bei Regelung der Fehlbeträge fallen und ziehe meinen bezüglichen Zusatzantrag zurück, indem ich anerkenne, daß dieser Punkt sich vielleicht hinsichtlich seiner Wichtigkeit nicht in so ganz besonderem Maße über zahlreiche andere Punkte erhebt.

Was den Punkt der Begrenzung der Angestellten betrifft, so glaube ich, daß die Bedenken, die Herr Justizrat Wandel hier geäußert hat, nicht ganz zutreffen. Unser Antrag geht ja keinesfalls dahin, diese sechs Abschnitte des § 1 irgendwie umstoßen zu wollen.

Die Frage der kaufmännischen Angestellten z. B., von denen Herr Justizrat Wandel sprach, ist ja durch den Absatz 3 geregelt, der hervorhebt: „Handlungsgehilfen und -Lehrlinge, Gehilfen und Lehrlinge in Apotheken usw.“. An diesem Absatz 3 will ich ja nicht das Mindeste ändern. Ich war nur der Meinung, daß die Industrie den Anspruch habe, daß in gleicher Weise wie in Absatz 3 die Angestellten der kaufmännischen Betriebe durch besondere Erwähnung des Begriffs „Handlungsgehilfen“ hervorgehoben und bezeichnet sind, auch die industriellen Angestellten in besonderer Weise hier erwähnt und hervorgehoben werden sollten, und daß bezüglich dieser industriellen und gewerblichen Angestellten nach meiner Ansicht der § 133a der Gewerbeordnung den Maßstab der Begrenzung bilden solle. Wenn ich de lege ferenda hier mitzuwirken hätte, würde ich Nummer 1 lassen, wie sie ist: „Angestellte in leitenden Stellungen, wenn dieser Zweck den Hauptberuf bildet.“ In Nummer 2 würde ich anstatt, wie es hier heißt „Betriebsbeamte, Werkmeister und andere Angestellte in einer gehobenen höheren Stellung usw.“ sagen: „die in § 133a der Reichsgewerbeordnung bezeichneten Angestellten der Gewerbeunternehmer sowie Angestellte in einer gehobenen

Stellung usw.“, wobei letzteres sich dann auf andere nichtgewerbliche Unternehmer bezieht. Dann kämen die „Handlungsgehilfen“ vollständig unverändert, dann kämen unter Nummer 4 die Bühnen- und Orchestermitglieder usw., Lehrer und Erzieher. Ich möchte aber glauben, daß mein Antrag auch in dieser Beziehung nicht durchdringen wird nach der Stimmung, die ich darüber hier herauszuhören glaube, und will auch diesen Antrag hier zurückziehen, möchte aber dann wenigstens bitten, den letzten ganz allgemeinen Antrag, den ich gestellt habe, in die Resolution aufzunehmen, der durchaus nicht als ein Spezialantrag bezeichnet werden kann, der vielmehr nur sagt, es möchten weitere Belastungen der Industrie und des Gewerbes über die Regierungsvorlage hinaus abgelehnt werden, also ein Zusatz, der sich speziell gegen die weiteren Vorschläge richtet, die in der Kommission oder eventuell im Plenum bei der zweiten Lesung kommen könnten. und die eine weitere Ausdehnung der Lasten über die Regierungsvorlage hinaus bezwecken würden. Um irgendwelche Spezialpunkte handelt es sich hierbei nicht.

Also ich ziehe die beiden ersten Punkte zurück und halte nur den letzten Satz der Anträge aufrecht, den vielleicht der Herr Vorsitzende nochmals zu verlesen die Güte haben wird.

Landtagsabgeordneter Dr. **Beumer**-Düsseldorf: Meine Herren! Ich glaube, daß gerade dadurch der Verdacht erweckt werden möchte, den Herr Kommerzienrat Dr. Kauffmann nicht beim Reichstag aufkommen lassen wollte. Herr Professor Dr. Moldenhauer hat ja schon darauf hingewiesen, daß in dem zweiten Abschnitt der Resolution das ganze Gesetz in der jetzigen Gestalt verworfen wird, und daß wir den Ausbau der Invalidenversicherung wünschen. Wenn wir aber nun in einem Schlußsatz sagen: über die Regierungsvorlage darf auf keinen Fall hinausgegangen werden, dann geben wir damit meiner Ansicht nach dem Reichstag gegenüber mehr zu, als wir zugeben wollen. Im Absatz 2 der Resolution haben wir uns gegen den Gesetzentwurf ausgesprochen, weil das Reichsamt des Innern sich um 100 Millionen Mark geirrt hat, was ich durch die Ausführungen des Versicherungsmathematikers Dr. Jakobsohn, die ich sehr gründlich studiert zu haben glaube, ohne weiteres für erwiesen halte. Ich halte diesen Zusatzantrag des Herrn Kommerzienrat Dr. Kauffmann für eine Abschwächung, und deshalb möchte ich mich gegen ihn aussprechen.

Kommerzienrat Dr. **Kauffmann**-Schweidnitz: Ich glaube wirklich nicht, daß man in diesem Antrage mit Fug und Recht eine Abschwächung erblicken kann. Ich will ja in keiner Weise den langen

Absatz 2 der Resolution tangieren, in welchem wir prinzipiell unseren alten Standpunkt festhalten, daß es viel richtiger wäre, die Invaliden-versicherung auszubauen, und in welchem wir die ganze Art der Behandlung, die den industriellen Körperschaften bei der Vorbereitung des Gesetzentwurfs zuteil geworden ist, auf das schärfste mißbilligen. Dieser Absatz findet meine volle Zustimmung. In dem weiteren Antrage stellen wir uns aber doch auf den Boden der gegebenen Tatsachen, nehmen nur die Ersatzkassen vor, und da meine ich doch, daß wir sagen könnten: „Nach Lage der Dinge können wir nichts mehr dagegen machen, daß dieses Spezialgesetz als solches angenommen wird, aber wir verlangen aufs dringlichste, daß nicht noch darüber hinausgegangen wird durch Anträge, wie sie in der Reichstagskommission zum Teil gestellt worden sind.“ Also darin liegt keine Abschwächung. Ich möchte nicht glauben, daß in dem Punkte die Versammlung die Befürchtung des Herrn Dr. Beumer teilen wird. Ich möchte mir also erlauben, diesen Schlußsatz aufrechtzuerhalten, und bitte darüber abzustimmen.

Vorsitzender: Meine Herren! Es meldet sich niemand mehr zum Wort. Ich schließe die Diskussion und gebe Herrn Professor Moldenhauer das Schlußwort.

Referent Professor **Moldenhauer**-Köln: Meine Herren! Ich kann mich ganz kurz fassen. Ich habe während der letzten Worte den Eindruck gehabt, daß die Anregung des Herrn Kommerzienrat Kauffmann doch nicht ganz unter den Tisch fallen sollte. Wenn wir den Antrag freilich an den Schluß bringen, dann sieht es — da gebe ich Herrn Dr. Beumer vollständig recht — wie eine Abschwächung aus. Etwas anders wird es aber, wenn wir in dem dritten Absatz, der beginnt: „Sollten aber die Verbündeten Regierungen“ usw. „bestehen“ fortfahren, „so muß der Centralverband mindestens fordern, daß jede Mehrbelastung der Arbeitgeber und der Angestellten über die durch die Vorlage gezogenen Grenzen hinaus zurückgewiesen wird“ usw. Da hineingearbeitet ist es, glaube ich, nicht eine Abschwächung, und es ist ganz zweckmäßig, wenn wir es an der Stelle einfügen. Ich glaube, daß auch Herr Kommerzienrat Kauffmann damit einverstanden sein wird. (Kommerzienrat Dr. Kauffmann-Schweidnitz: Selbstverständlich, ich halte das auch für besser!) Es handelt sich ja für ihn nur darum, daß der Gedanke zum Ausdruck kommt, ohne daß bestimmt gesagt ist, an welcher Stelle dies geschieht.

Vorsitzender: Meine Herren! Ich will nun bei der Abstimmung so prozedieren, daß ich den weitestgehenden Antrag zuerst zur Abstimmung bringe, und ich nehme nach den letzten Worten des Herrn Kommerzienrat Kauffmann an, daß er mit dieser Formulierung, wie sie der Herr Referent eben vorgeschlagen hat, einverstanden ist.

Kommerzienrat **Kauffmann**-Schweidnitz: Jawohl, ich ziehe meinen Antrag zurück zugunsten desjenigen des Herrn Professors.

Vorsitzender: Das ist der weitestgehende Antrag; es handelt sich um eine Erweiterung der Vorlage, die Ihnen gemacht worden ist.

Ich möchte diejenigen Herren, die gegen die Annahme des Beschlußantrages mit diesem Zusatze sind, bitten, sich zu erheben, nachdem ich den Absatz 3, wie er nun in seinem Eingange lautet, noch einmal verlesen haben werde:

„Sollten aber die Verbündeten Regierungen und der Reichstag trotz aller sachlichen Einwendungen auf der Verabschiedung des Gesetzes bestehen, so muß der Centralverband fordern, daß jeder Mehraufwand der Angestellten und der Arbeitgeber über die durch die Regierungsvorlage gezogenen Grenzen hinaus zurückgewiesen wird" — vielleicht ist es da besser, zu sagen: „unterbleibt" — „und daß die im Entwurf vorgesehenen Bestimmungen über die Ersatzkassen und die Versicherungsverträge mit Lebensversicherungsunternehmungen nicht verschlechtert, sondern im Gegenteil verbessert werden und zwar durch folgende Bestimmungen";

und dann folgen die sechs Absätze, die Ihnen vorhin verlesen worden sind.

Diejenigen Herren, die gegen die Annahme des Beschlußantrages mit diesem Zusatze sind, bitte ich, sich zu erheben. — Der Beschlußantrag ist einstimmig in dieser Form angenommen.

Meine Herren, wir sind nun am Ende unserer Verhandlungen. Ich schließe die Delegiertenversammlung mit dem verbindlichsten Danke für Ihr Ausharren bis zuletzt.

Schluß 4 Uhr.

Beschlußanträge.

Die von der Versammlung der Delegierten am 7. November 1911 angenommenen Beschlußanträge lauten:

I.

Der Centralverband Deutscher Industrieller spricht sein Bedauern darüber aus, daß der durch sachliche Erwägungen veranlaßte Austritt einer Reihe von Industriellen aus dem Hansabunde eine gewisse Beunruhigung in einzelnen Kreisen der deutschen Industrie zur Folge gehabt hat und diese Beunruhigung durch unrichtige Darstellung der Gründe des Austritts noch verschärft worden ist.

Der Centralverband, welcher, wie seine Geschichte beweist, von jeher bestrebt war, dem einigen Zusammengehen sämtlicher Zweige der Industrie zu dienen, ist der Ueberzeugung, daß die aus Anlaß dieser Vorgänge gegenwärtig von einzelnen Seiten betriebene scharfe Betonung von Interessengegensätzen das Gesamtinteresse der Industrie auf das empfindlichste schädigen und schwere wirtschaftliche Nachteile zur Folge haben muß. Im Hinblick auf den in der letzten Zeit, namentlich auf dem Gebiete der Gesetzgebung immer mehr hervortretenden Mangel an Rücksichtnahme auf die industriellen Bedürfnisse erachtet der Centralverband ein Zusammengehen aller Zweige der Industrie in den sie gemeinsam berührenden Fragen für unerläßlich und richtet an die gesamte deutsche Industrie die dringende Bitte, die auf die Erreichung dieses Zieles gerichtete Tätigkeit des Centralverbandes mit allen Kräften zu unterstützen.

II.

Angesichts der immer drohender werdenden Gestaltung der Arbeitskämpfe und des immer rücksichtsloseren Machtgebrauchs der Streikgewerkschaften erachtet der Centralverband Deutscher Industrieller es für

unbedingt erforderlich, daß die Verbündeten Regierungen tunlichst bald und energisch dafür Sorge tragen, durch gesetzliche Maßnahmen die Freiheit der Arbeit wirkungsvoller, als es bisher geschehen ist, zu schützen und damit die der Sozialdemokratie und ihren Gewerkschaften noch nicht verfallenen Arbeiter vor dem Terrorismus dieser Partei und ihrer Organisationen zu bewahren. Der Erlaß derartiger gesetzlicher Maßnahmen liegt im eigensten Interesse der Arbeiterschaft wie im Interesse der staatlichen Ordnung. Die schrankenlose Weiterentwickelung des sich ständig verschärfenden Klassenkampfes wird der Industrie die Aufgabe, der nationalen Wohlfahrt zu dienen, immer mehr erschweren, wenn nicht eines Tages ganz unmöglich machen.

III.

Der Centralverband Deutscher Industrieller hat schon in seiner Delegiertenversammlung vom 28. Oktober 1907 sich grundsätzlich für die Versicherung der Angestellten ausgesprochen, obwohl diese Versicherung der Industrie weitere bedeutende Opfer auferlegt. Er bleibt aber bei der Ansicht, daß auch jetzt noch der Frage näher getreten werden muß, ob diese sachlich überaus wichtige Frage nicht auf anderem Wege, etwa auf dem Wege des Anschlusses an die Invalidenversicherung, einer befriedigenden Lösung entgegengeführt werden kann.

In dieser Auffassung wird der Centralverband nunmehr besonders durch die Ergebnisse der von zahlreichen angesehenen wirtschaftlichen Verbänden gebildeten Arbeitszentrale für die Angestelltenversicherung bestärkt. Die Arbeiten dieser Zentrale zeigen, daß alle gegen den Ausbau der Arbeiterversicherung von der Regierung vorgebrachten Einwendungen nicht stichhaltig sind, daß aber andererseits das Reichsamt des Innern die Kosten der Sonderversicherung um mindestens 100 Millionen Mark unterschätzt hat. Unter diesen Umständen hätte man erwarten dürfen, daß Reichsregierung und Reichstag in eine ernsthafte Prüfung der Frage des Ausbaus der Arbeiterversicherung eingetreten wären. Das ist aber leider nicht geschehen. Vielmehr ist man fast ohne Debatte über die von der überwiegenden Mehrheit der deutschen Industrie und vom Deutschen Handelstag geäußerten Bedenken hinweggegangen, um noch vor Toresschluß ein Gesetz, so fehlerhaft es auch sein mag, zustande zu bringen. Gegen eine derartige gesetzgeberische Arbeit und eine derartige rücksichtslose Behandlung der Interessen von Handel und Industrie erhebt der Centralverband den schärfsten Widerspruch.

Sollten aber die Verbündeten Regierungen und der Reichstag trotz aller sachlichen Einwendungen auf der Verabschiedung des Gesetzes bestehen, so muß der Centralverband mindestens fordern, daß jede Mehrbelastung der Arbeitgeber und der Angestellten über die durch die Regierungsvorlage gezogenen Grenzen hinaus unterbleibt, und daß die im Entwurf vorgesehenen Bestimmungen über die Ersatzkassen und die Versicherungsverträge mit Lebensversicherungsunternehmungen nicht verschlechtert, sondern im Gegenteil verbessert werden und zwar durch folgende Bestimmungen:

1. Auch künftig zu errichtende Werkkassen können als Ersatzkassen zugelassen werden, wenn sie den im Gesetz aufgeführten Voraussetzungen entsprechen.
2. Werkkassen gelten als genügend sicher, wenn sie vom Kaiserlichen Aufsichtsamt für Privatversicherung zugelassen sind oder dieses ihre Grundlage für einwandfrei erklärt hat.
3. Die Freizügigkeit wird dadurch gewährleistet, daß bei Uebertritt eines Angestellten von einer Werkkasse zur Staatsanstalt und umgekehrt die Prämienreserve überwiesen wird, so daß der Angestellte stets nur bei einer Kasse versichert ist. Nach der jetzt im Entwurf vorgesehenen Regelung wird den Werkkassen nicht nur eine große Verwaltungsarbeit aufgebürdet, sondern es wird ihnen auch das Recht der Entscheidung, ob ein Versicherungsfall vorliegt, in den meisten Fällen genommen, ja es wird ihnen noch nicht einmal die Möglichkeit gewährt, die Entscheidungen der Rentenausschüsse anzufechten.
4. Wohlfahrtseinrichtungen der Arbeitgeber, die dieselben Zwecke wie Ersatzkassen verfolgen, sind diesen gleichzustellen.
5. Bezüglich der Zuschußkassen ist dieselbe Regelung vorzusehen, wie in § 1321 der Reichsversicherungsordnung, damit für die bevorstehenden Satzungsänderungen den Zuschußkassen ein solcher Spielraum gelassen wird, daß in jedem Fall derjenige Weg gewählt werden kann, der für die Kassenmitglieder am vorteilhaftesten ist.
6. Arbeitgeber, welche beim Inkrafttreten des Gesetzes Zuschüsse zu den Lebensversicherungsprämien ihrer Angestellten mindestens in Höhe der gesetzlichen Arbeitgeberbeiträge zahlen und ihren Angestellten auf die Versicherungssumme einen Rechtsanspruch eingeräumt haben, werden für die Dauer

des Bestehens dieser Fürsorgeeinrichtung von der gesetzlichen Beitragspflicht sowohl hinsichtlich der bisher versicherten als auch hinsichtlich der zukünftig zur Versicherung gelangenden Angestellten gemäß § 381 des Gesetzentwurfes befreit, vorausgesetzt daß die in Betracht kommenden Versicherungsgesellschaften sich verpflichten, für die gesundheitlich nicht einwandfreien Risiken der Versicherungen zu den Normal-Versicherungs-Bedingungen und Prämien mit längstens der gesetzlichen Wartezeit abzuschließen.

Bei Aufstellung dieser Forderungen hat sich der Centralverband von der Ueberzeugung leiten lassen, daß das Weiterbestehen und die Weiterentwickelung der von den einzelnen Betrieben geschaffenen Versicherungseinrichtungen im besonderen Interesse der Angestellten liegt, der Gesetzgeber aber alle Maßregeln privater Fürsorge fördern muß und sie nicht, wie der Entwurf es will, nach Möglichkeit hemmen darf.

Festmahl.

An dem gemeinschaftlichen Abendessen, das abends um 7 Uhr, ebenfalls im Hotel Adlon, die Delegierten des Centralverbandes Deutscher Industrieller und seine Gäste vereinigte und Zeugnis von der guten Stimmung, die diesen Tag beherrschte, ablegte, begrüßte Herr Landrat a. D. Rötger, zu dessen rechter Seite der Staatssekretär des Reichsschatzamts, Wermuth, Platz genommen hatte, die Gäste, vor allem den Reichsschatzsekretär selbst, unter Erinnerung an die früheren Beziehungen durch das Reichsamt des Innern, ferner Herrn Geheimen Ober-Regierungsrat Dr. Hoffmann vom Ministerium für Handel und Gewerbe, die anwesenden Parlamentarier und die Freunde aus den dem Centralverband nahestehenden Vereinigungen. Der Verlauf der heutigen Delegiertenversammlung, so fuhr nach dem Bericht der „Deutschen Industrie-Zeitung" dann Herr Landrat a. D. Rötger in seiner Begrüßungsrede fort, sei ein überzeugender Beweis für die innere Geschlossenheit des Centralverbandes. Die Achtung vor der Ansicht anderer sei Vorbedingung für die Einigkeit in der Industrie. Diese Fähigkeit der Achtung anderer sei eine Kraft, die wie ein Sauerteig die Arbeiten des Centralverbandes durchsetze. Das habe man heute morgen gesehen. Das Ergebnis der heutigen Beratungen gewähre daher einen erhebenden Eindruck. Wir leben in schweren Zeiten; wir haben alle Veranlassung, unser Wirken auf das Ganze zu richten, und diese Ueberzeugung sei auch zum Ausdruck gekommen in den ausgezeichneten heutigen Darlegungen des neuen Geschäftsführers Herrn Dr. Schweighoffer, der sich in so kurzer Zeit an die Seite Buecks gestellt habe. Herr Landrat a. D. Rötger richtet an die Geschäftsführer der angeschlossenen Verbände die dringende Bitte, ihm gleiches Vertrauen wie Herrn Bueck entgegenzubringen; dann dürfen wir hoffen, daß, wenn auch die Zeiten schwierig sind, durch diese Gemeinschaftsarbeit doch Erfolge erzielt werden. Die Begrüßungsrede klang aus in den Hinweis auf die hohe Stelle, unter deren Schutz diese Arbeit sich zum Nutzen und Frommen des Ganzen vollzieht, und in das Hoch auf Seine Majestät den Kaiser, in welches die Versammlung lebhaft einstimmte.

Namens der Gäste dankte Exzellenz Wermuth, der Staatssekretär des Reichsschatzamts, für diese freundliche Begrüßung, gleichzeitig auch im Namen derjenigen Amtskollegen, welche durch andere Festlichkeiten verhindert waren, der Einladung des Centralverbandes Folge zu leisten. Er bringe den Gruß aus einer Behörde, die in den Kreisen der Industrie gemischte Gefühle erwecke; aber mich, so fuhr der Staatssekretär fort, verbindet mit Ihnen die Erinnerung an das Zusammenarbeiten während eines Zeitraumes von 30 Jahren. In dieser Zeit seien für Deutschland auf wirtschaftlichem Gebiete große Erfolge erzielt worden, die durch die Untersuchungen und Feststellungen der Wissenschaft in Zahlen und statistischen Uebersichten festgestellt sind. Dabei habe sich ergeben, daß die Aufwärtsbewegung in jedem Jahrzehnt ein bis zwei Rückschläge erleide, und dann frage man sich, ob wir nicht überhaupt abwärts gleiten. Sorge und Unmut, die der Deutsche so leicht empfindet, stellen sich dann ein. Aber es sei jedesmal ein Atemholen, wie das eines Wanderers. Denn es sei niemals ein eigentlicher Rückschlag erfolgt. Nach ein bis zwei Jahren stieg das wirtschaftliche Barometer wieder empor, und mit aller Bestimmtheit wird es weiter steigen. Warum? Weil unser Volk einen sich immer erneuernden Willen und eine Anlage zu positivem Tun hat. Nicht nur die Arbeit in Feld, Fabrik und Kontor, sondern die Pflichttreue, die sich damit verbindet und die Richtung gibt, bieten die Gewähr hierfür. Widerstand und Bemängelung sind die unzertrennlichen Begleiter einer solchen Bewegung. Aber Reibung ist nur da, wo Kraftquellen vorhanden sind. Achtung vor denjenigen, welche auch gegen widrige Winde weiter schreiten. Dadurch sind wir groß geworden, und darum bitte ich Sie, so schloß der Staatssekretär, einzustimmen in meinen Wunsch: Hoch der Centralverband Deutscher Industrieller!

Die Teilnehmer an der Tafelrunde, die sich bei den letzten Worten erhoben hatten, stimmten lebhaft ein in dieses Hoch.

Während des Abendessens waren Begrüßungsdepeschen eingegangen von dem Staatssekretär des Innern und dem preußischen Minister für Handel und Gewerbe. Staatssekretär Dr. Delbrück hatte folgendes Telegramm gesandt:

„Durch zwingende Abhaltung verhindert, mich heute der oft erprobten Gastlichkeit des Centralverbandes Deutscher Industrieller zu erfreuen, sende ich den beim Festmahl versammelten Herren meine besten Grüße.“

Vom Minister für Handel und Gewerbe, Staatsminister **Sydow**, war folgendes Telegramm eingelaufen:

„Zu meinem lebhaften Bedauern durch anderweitige amtliche Verpflichtung verhindert, an Ihren Beratungen und an dem heutigen Festmahle teilzunehmen, bitte ich Sie, den Mitgliedern des Centralverbandes sagen zu wollen, daß ich Ihre Arbeiten mit warmem Interesse begleite und Ihren auf Stärkung unserer bewährten Wirtschaftspolitik gerichteten Bestrebungen reichen Erfolg wünsche.“

Verzeichnisse.

Liste der Anwesenden
in der
Ausschußsitzung am 6. November 1911 in Berlin.

Mitglieder des Direktoriums:

Herr Rötger, Landrat a. D., Berlin, Vorsitzender.
„ Koenig, G., Geh. Regierungsrat, Vorsitzender des Direktoriums des Vereins der Deutschen Zucker-Industrie, Zweiter stellvertretender Vorsitzender, Berlin W, Kleiststr. 32.
„ Semlinger, H., Geh. Kommerzienrat, Vorsitzender des Vereins Süddeutscher Baumwollindustrieller, Bamberg.
„ Bueck, H. A., Berlin.
„ Hugenberg, Geh. Finanzrat, Vorsitzender im Direktorium der Fried. Krupp A.-G., Essen-Ruhr.

Mitglieder der Geschäftsführung:

Herr Schweighoffer, Dr. jur., Regierungsrat a. D., Geschäftsführer, Berlin.
„ von Lyncker, Dr. jur., Frhr., Regierungsassessor a. D., stellvertretender Geschäftsführer, Berlin.
„ Zakrzewski, Dr., Berlin.
„ Ballerstedt, Dr. jur., Berlin.
„ Ebner, Dr., Berlin.

Mitglieder:

Herr Beukenberg, Baurat, Hörde i. W.
" Beumer, W., Dr., Mitglied des Hauses der Abgeordneten, Generalsekretär des Vereins zur Wahrung der gemeinsamen wirtschaftlichen Interessen in Rheinland und Westfalen und der Nordwestlichen Gruppe des Vereins Deutscher Eisen- und Stahl-Industrieller, Düsseldorf.
" von Borsig, E., Kommerzienrat, Berlin.
" Brockhaus, Prokurist der Firma Berliner Sandsteinwerke Rob. Guthmann, G. m. b. H., Berlin, Neustädtische Kirchstr. 15.
" Budde, Professor, Generaldirektor der Aktiengesellschaft Siemens & Halske, Berlin, Askanischer Platz 3.
" Büttner, Erhard, Dr., Syndikus, Augsburg.
" von Buz, Hch., Kommerzienrat, Direktor der Maschinenfabrik Augsburg-Nürnberg A.-G., Augsburg.
" Curtius, Richard, Fabrikbesitzer, Duisburg.
" Delden, Gerrit van, Kommerzienrat, Gronau i. W.
" Ditges, Generalsekretär des Vereins Deutscher Papierfabrikanten und des Vereins Deutscher Schiffswerften, Berlin, Lützowufer 17.
" Eichler, Generaldirektor des Kalisyndikats, Staßfurt.
" Fiebelkorn, Dr., Geschäftsführer des Verbandes Deutscher Tonindustrieller, Berlin, Alt-Moabit 110.
" Fleitmann, Kommerzienrat, Düsseldorf, Tonhallenstr. 15.
" Frölich, Ingenieur, Geschäftsführer des Vereins Deutscher Maschinenbauanstalten, Düsseldorf.
" Fromm, E., Geh. Kommerzienrat, München.
" Goldberger, Geh. Kommerzienrat, Vorsitzender der Ständigen Ausstellungskommission für die deutsche Industrie, Berlin, Markgrafenstr. 53/54.
" Goldschmidt, Karl, Dr., Kommerzienrat, Essen (Ruhr).
" Hallbauer, Kommerzienrat, Lauchhammer.
" Hirsch, Mitglied des Hauses der Abgeordneten, Syndikus der Handelskammer für die Kreise Essen, Mülheim (Ruhr) und Oberhausen, Essen (Ruhr).
" Hoeter, Ministerialdirektor a. D., Berlin W, Kurfürstendamm 220.
" Kamp, Kommerzienrat, Grunewald-Berlin, Auerbachstr. 9.

Herr Kauffmann, Georg, Dr., Kommerzienrat, Hermsdorf a. d. Katzbach, Kreis Goldberg in Schlesien.
„ Knochenhauer, Bergrat, Kattowitz (O.-S.).
„ Kröner, Kommerzienrat, Kiefersfeden.
„ Krüger, Generalleutnant z. D., Exzellenz, Geschäftsführer des Vereins der Fabrikanten landwirtschaftlicher Maschinen und Geräte, Berlin-Westend, Kaiserdamm 67.
„ Kuhlo, Dr., Syndikus des Bayerischen Industriellenverbandes, München, Prannerstr. 15.
„ Lehmann, Professor, Dr., Handelskammersyndikus, Geschäftsführer des Vereins Deutscher Tuch- und Wollwarenfabrikanten und des Vereins für die berg- und hüttenmännischen Interessen im Aachener Bezirk, Aachen.
„ Mathies, Geh. Baurat, Regierungsrat, Berlin-Halensee, Kurfürstendamm 75.
„ Meesmann, Geschäftsführer des Mittelrheinischen Fabrikantenvereins und der Süddeutschen Gruppe des Vereins Deutscher Eisen- und Stahl-Industrieller, Mainz.
„ Meyer, Wilhelm, Rechtsanwalt, Vorsitzender des Vereins Deutscher Eisen- und Stahl-Industrieller, Hannover, Tiergartenstr. 39.
„ Müllensiefen, Th., Kommerzienrat, Crengeldanz.
„ Mundt, Arthur, i. Fa. Berliner Gipswerke L. Mundt vorm. H. Kühne, Berlin SW, verlängerte Trebbiner Straße.
„ Neubarth, Eug., Kommerzienrat, Forst i. L.
„ Reusch, Kommerzienrat, Gutehoffnungshütte-Oberhausen II, Rheinland.
„ Rhazen, Regierungsrat a. D., Generaldirektor der Gasmotorenfabrik Deutz, Köln.
„ Röchling, Louis, Kommerzienrat, Völklingen a. Saar.
„ Rocke, Dr., Geschäftsführer des Fabrikantenvereins für Hannover-Linden und die benachbarten Kreise, Hannover.
„ Schieß, Ernst, Dr.-Ing., Geh. Kommerzienrat, Düsseldorf.
„ Schott, F., Geh. Kommerzienrat, Heidelberg.
„ Schrödter, E., Dr.-Ing., Ingenieur, Geschäftsführer des Vereins Deutscher Eisenhüttenleute, Düsseldorf.
„ Servaes, Geh. Kommerzienrat, Düsseldorf.
„ Springorum, Kommerzienrat, Generaldirektor, Dortmund, Vorsitzender des Vereins Deutscher Eisenhüttenleute, Düsseldorf.

Herr Steller, Paul, Generalsekretär des Vereins der Industriellen des Regierungsbezirks Köln und des Vereins Deutscher Werkzeugmaschinenfabriken, Köln.

" Stumpf, F., Generalsekretär des Georgs-Marien-Bergwerks- und Hütten-Vereins, Syndikus der Handelskammer zu Osnabrück, Osnabrück.

" Tille, Alexander, Dr., Syndikus der Handelskammer Saarbrücken, Generalsekretär des Vereins zur Wahrung der gemeinsamen wirtschaftlichen Interessen der Saarindustrie und der Südwestlichen Gruppe des Vereins Deutscher Eisen- und Stahl-Industrieller, Saarbrücken.

" Uthemann, Geh. Bergrat, Generaldirektor von Georg von Giesche's Erben, Zalenze, Kreis Kattowitz.

" Wandel, Justizrat, Essen (Ruhr).

" Walter, W., Direktor, Hannover-Linden.

" Weisdorff, Generaldirektor, Burbacher Hütte bei Saarbrücken.

" Wenzel, Kommerzienrat, Direktor der Kammgarnspinnerei zu Leipzig, Leipzig.

" Wiebe, Dr., Syndikus der Handelskammer zu Bochum, Bochum.

Ferner waren anwesend:

Herr Bonikowsky, Dr., Kattowitz.

" Flathmann, Geschäftsführer, Charlottenburg.

" Jacobs, Dr., Chemnitz, stellvertretender Geschäftsführer der Vereinigung sächsischer Spinnereibesitzer.

" Lübbers, Dr., Syndikus der Handelskammer, Altona.

" Moldenhauer, Professor Dr., Köln.

" Schweinburg, Chefredakteur der „Berliner Politischen Nachrichten", Berlin.

" Steinmann-Bucher, Herausgeber der „Deutschen Industrie-Zeitung", Berlin.

" Strecker, Dr., Herausgeber der „Deutschen Volkswirtschaftlichen Korrespondenz", Berlin.

Entschuldigt haben sich:

Vom Direktorium:

Herr von Rieppel, A., Dr.-Ing. h. c. und Dr. phil., Kgl. Geh. Baurat, Vorsitzender des Bayerischen Industriellen-Verbandes, Erster stellvertretender Vorsitzender, Nürnberg, Aeußere Cramer-Klettstr. 12.

Herr Kirdorf, E., Geh. Kommerzienrat, Generaldirektor der Gelsenkirchener Bergwerks-Akt.-Ges., Rheinelbe bei Gelsenkirchen.

„ Vorster, Jul., Geh. Kommerzienrat, Mitglied des Hauses der Abgeordneten, Vorsitzender des Vereins der Industriellen des Reg.-Bez. Köln, Köln.

„ Schlumberger, Th., Geh. Kommerzienrat, Vorsitzender des Elsässischen Industriellen-Syndikats, Mülhausen i. Els.

„ Hilger, Geh. Bergrat, Generaldirektor der Vereinigten Königs- und Laurahütte, Vorsitzender der Oestlichen Gruppe des Vereins Deutscher Eisen- und Stahl-Industrieller, Berlin NW, Dorotheenstr. 50.

„ Vogel, Geh. Kommerzienrat, Vorsitzender des Verbandes der Textilindustriellen Chemnitz, Chemnitz.

„ von Siemens, Wilhelm, Dr.-Ing., Geh. Regierungsrat, Vorsitzender des Aufsichtsrats der Siemens-Schuckert-Werke, Berlin SW, Askanischer Platz 3.

„ Schrey, Regierungs- und Geh. Baurat, Berlin.

Von Mitgliedern:

Herr Bock, Kommerzienrat, Würzburg.

„ Böcking, Geh. Kommerzienrat, Halbergerhütte, Post Brebach.

„ Brandt, Dr., Syndikus der Handelskammer, Düsseldorf.

„ Dulon, Kommerzienrat, Magdeburg.

„ Ehrhardt, Baurat, Vorsitzender des Verbandes Deutscher Tonindustrieller, Weimar.

„ Gottstein, Dr., Kommerzienrat, Vorsitzender des Vereins Deutscher Zellstoff-Fabrikanten, Breslau.

„ Körting, B., Geh. Kommerzienrat, Hannover.

„ Langen, C. O., Kommerzienrat, Vorsitzender des Vereins Rhein.-Westfälischer Baumwollspinner, M.-Gladbach.

„ von Langen, Gottlieb, Köln.

„ Laurenz, Kommerzienrat, Ochtrup i. W.

„ Linke, Generaldirektor, Slawentzitz.

„ von und zu Loewenstein, Bergassessor, Essen-Ruhr, Geschäftsführer des Vereins zur Wahrung der bergbaulichen Interessen im Oberbergamtsbezirk Dortmund.

„ Mittelstaedt, Wilhelm, Oberlangenbielau.

„ Müller, Geh. Ober-Finanzrat a. D., Berlin.

„ Oswald, W., Kommerzienrat, Koblenz.

„ Randebrock, Bergrat, Generaldirektor, Gelsenkirchen.

Herr Reinecker, J. E., Kommerzienrat, Dr.-Ing., Chemnitz.
„ Rickel, Ferd., Direktor, Harburg.
„ Schmid, Th. W., Direktor, Hof i. B.
„ Siemens, Bergrat, Halle a. S.
„ von Skene, Karl, Geh. Kommerzienrat, Klettendorf b. Breslau.
„ Ugé, Kommerzienrat, Kaiserslautern (Pfalz).
„ Voltz, Dr., Generalsekretär, Kattowitz.
„ Winkler, Paul, Geh. Kommerzienrat, Fürth i. Bayern.
„ Ziegler, Gottfr., Kommerzienrat, Düsseldorf.

Liste der Anwesenden
in der
Delegiertenversammlung am 7. November 1911 in Berlin.

Vertreter der Reichs- und Preußischen Staatsbehörden:

Vertreter des Reichsamts des Innern:

Herr Regierungsrat Dr. Aurin, Berlin.

Vertreter des Ministeriums für Handel und Gewerbe:

Herr Geh. Oberregierungsrat Dr. Hoffmann, Berlin.

Vertreter des Reichstags:

Herr Graf von Westarp, Schöneberg.
„ Oberregierungsrat Schickert, Königsberg i. Pr.
„ Bürgermeister Hausmann, Lauenstein.
„ Freiherr von Richthofen-Damsdorf.
„ Abgeordneter Raab, Hamburg.
„ Trimborn, Berlin.

Ferner nahmen als **Vertreter von befreundeten industriellen Organisationen** teil:

Der Zentralstelle für Vorbereitung von Handelsverträgen:
Herr von Martius, C. A., Dr., Berlin.
„ Guttsmann, Direktor, Berlin.
„ Etienne, Dr., Berlin.

Des Vereins zur Wahrung der Interessen der chemischen Industrie Deutschlands:

Herr Kraemer, G., Professor Dr. Berlin.
„ Horney, Dr., Berlin.

Der Ständigen Ausstellungskommission für die deutsche Industrie:

Herr Goldberger, Geh. Kommerzienrat, Vorsitzender, Berlin.
„ Ravené, Geh. Kommerzienrat, Berlin.
„ Heimann, Dr., Berlin.

Des Vereins der Industriellen Pommerns und der benachbarten Gebiete:

Herr Flechtner, Dr., Stettin.

Des Reichsverbandes gegen die Sozialdemokratie:

Herr Geschäftsführer Dr. Bovenschen, Berlin.

Mitglieder des Direktoriums:

Herr Rötger, Landrat a. D., Berlin, Vorsitzender.
„ Koenig, G., Geh. Regierungsrat, Vorsitzender des Direktoriums des Vereins der Deutschen Zucker-Industrie, Zweiter stellvertretender Vorsitzender, Berlin W, Kleiststr. 32.
„ Semlinger, Geh. Kommerzienrat. Vorsitzender des Vereins Süddeutscher Baumwoll-Industrieller, Bamberg.
„ Bueck, H. A., Generalsekretär, Berlin.
„ Hugenberg, Geh. Finanzrat, Vorsitzender des Direktoriums der Fried. Krupp A.-G., Essen-Ruhr.
„ Schrey, Regierungs- und Geh. Baurat, Berlin.

Mitglieder der Geschäftsführung:

Herr Schweighoffer, Dr. jur., Regierungsrat a. D., Geschäftsführer, Berlin.
„ von Lyncker, Dr. jur., Freiherr, Regierungsassessor a. D., stellvertretender Geschäftsführer, Berlin.
„ Zakrzewski, Dr., Berlin.
„ Ballerstedt, Dr., Berlin.
„ Ebner, Dr., Berlin.
„ Lohan, Dr., Berlin.

Mitglieder:

Herr **Anhegger**, Eugen, Direktor der Württembergischen Baumwoll-spinnerei und Weberei, Eßlingen.

„ **Arends**, Direktor des Niederschlesischen Kohlensyndikats, Waldenburg (Schles.).

„ **Ascher**, Dr., Vertreter der Firma Dr. M. Ascher & Co., Berlin.

„ **Baur**, Direktor, Vertreter der Spinnerei und Weberei, Offenburg.

„ **Beisert**, Geschäftsführer des Deutschen Braunkohlen-Industrie-Vereins, Halle a. S.

„ **Beukenberg**, Baurat, Generaldirektor, Hörde i. W., Vertreter der Akt.-Ges. Phoenix.

„ **Beumer**, W., Dr., Mitglied des Hauses der Abgeordneten, Generalsekretär des Vereins zur Wahrung der gemeinsamen wirtschaftlichen Interessen in Rheinland und Westfalen und der Nordwestlichen Gruppe des Vereins Deutscher Eisen- und Stahl-Industrieller, Düsseldorf.

„ **Boelcke**, Dr., Vertreter des Gesamtverbandes Deutscher Metall-industrieller, Berlin.

„ **Bonikowsky**, Dr., Vertreter des Oberschlesischen Berg- und Hüttenmännischen Vereins, Kattowitz.

„ von **Borsig**, E., Kommerzienrat, Tegel-Berlin.

„ **Brenzinger**, Heinrich, i. Fa. Brenzinger & Cie., Freiburg (Breisg.).

„ Graf **Brockdorff**, Dr., General-Bevollmächtigter Sr. Durchlaucht des Fürsten von Donnersmarck, Charlottenburg.

„ **Brockhaus**, Prokurist der Firma Berliner Kalk-Sandsteinwerke Rob. Guthmann, G. m. b. H., Berlin.

„ **Brückner**, Richard, Kommerzienrat, Calbe a. Saale, Vorsitzender des Vereins Deutscher Papierfabrikanten.

„ **Buchholz**, Oskar, Wilmersdorf-Berlin.

„ **Budde**, Professor, Generaldirektor der Aktiengesellschaft Siemens & Halske, Berlin.

„ **Busch**, Victor, Hochneukirch, Vertreter der Firma J. A. Lindgens Erben.

„ **Buschmann**, B., Vertreter der Ziegelei-Berufsgenossenschaft, Charlottenburg.

„ **Büttner**, Dr., Syndikus der Handels- und Gewerbekammer für Schwaben und Neuburg, Augsburg, und des Vereins Süddeutscher Baumwoll-Industrieller, Augsburg.

„ von **Buz**, Kommerzienrat, Augsburg.

Herr Cramer, C., Vertreter des Vereins deutscher Fabriken feuerfester Produkte, E. V., Berlin.

„ Curtius, Richard, Fabrikbesitzer, Duisburg.

„ Damköhler, Braunschweig, Vertreter der Ziegelei-Berufsgenossenschaft.

„ van Delden, Kommerzienrat, Gronau i. Westf.

„ Ditges, Generalsekretär, Geschäftsführer des Vereins Deutscher Papierfabrikanten und des Vereins Deutscher Schiffswerften, Berlin, Lützow-Ufer 17.

„ Eckert, Vertreter des Vereins für die bergbaulichen Interessen Niederschlesiens, Neu-Weißstein.

„ Ehrhardt, Max, Baurat, Weimar, Vorsitzender des Verbandes Deutscher Tonindustrieller.

„ Eichler, Generaldirektor, Vertreter des Kali-Syndikats, Staßfurt.

„ Eilsberger, Dr., Vertreter der Deutschen Solvaywerke und des Sodasyndikats, Bernburg.

„ Faelligen, Dr., Syndikus des Oberschlesischen Grubenholz-Syndikats, Beuthen.

„ Fellinger, Rich., Dr., Berlin, Vertreter des Siemens-Concern.

„ Fiebelkorn, Dr., Geschäftsführer des Verbandes deutscher Tonindustrieller, Berlin.

„ Finke, Adolf, Vertreter der Königin Marienhütte, Cainsdorf i. Sa.

„ Fleitmann, R., Kommerzienrat, Iserlohn, Vertreter der Vereinigten deutschen Nickelwerke, Schwerte.

„ Flügge, Dr., Vertreter der Gewerbekammer Bremen.

„ Frölich, Fr., Dipl.-Ingenieur, Geschäftsführer des Vereins Deutscher Maschinenbau-Anstalten, Düsseldorf.

„ Fromm, Generaldirektor der Maxhütte, München.

„ Funcke, Bergrat, Bergwerksdirektor, Vorstandsmitglied der Gelsenkirchener Bergwerksaktiengesellschaft, Kamen i. Westf.

„ Gevecke, H. Fr., Fabrikant, Vertreter der Gewerbekammer Bremen.

„ Goldschmidt, Karl, Dr., Kommerzienrat, Essen-Ruhr.

„ Gossen, E., Fabrikbesitzer, Berlin.

„ Götze, Emil, Generalsekretär des Verbandes der Glasindustriellen Deutschlands und der Glasberufsgenossenschaft, Berlin.

„ Götze, jun., Dr., Vertreter der Glasberufsgenossenschaft, Berlin.

„ Grabenstedt, Dr., Generalsekretär des Gesamtverbandes Deutscher Metallindustrieller, Berlin.

Herr Grunenberg, Dr., Bergwerksdirektor, Vorsitzender des Niederschlesischen Kohlensyndikats und des Vereins für die bergbaulichen Interessen Niederschlesiens, Waldenburg in Schlesien.

„ Gulden, W., Vertreter der Handelskammer, Chemnitz.

„ Haasemann, Alb., Direktor, Bremen, Vertreter des Vereins deutscher Juteindustrieller, Braunschweig.

„ Hallbauer, Kommerzienrat, Lauchhammer.

„ Hampke, Dr., Geschäftsführer der Gewerbekammer Hamburg, Hamburg.

„ Hasse, Regierungsrat, Vertreter der Handelskammer Oppeln, Oppeln.

„ Heubel, Generaldirektor, Vertreter des deutschen Braunkohlen-Industrievereins, Halle a. S.

„ Heubner, Dr., Syndikus der Handelskammer Schweidnitz.

„ Heymann, Hermann, Kommerzienrat, Berlin.

„ Heyser, Th., Freden (Leine).

„ Hirsch, Mitglied des Hauses der Abgeordneten, Syndikus der Handelskammer für die Kreise Essen, Mülheim (Ruhr) und Oberhausen, Essen (Ruhr).

„ Hoeffler, Direktor, Berlin,

„ Hoeter, Ministerialdirektor a. D., Berlin W, Kurfürstendamm 220.

„ Hoffmann, Dr., i. Fa. G. Polysius, Dessau.

„ Jacobssohn, Dr., Versicherungsmathematiker der Firma Fried. Krupp, Essen-Ruhr.

„ Janssen, Cappenberg, Vertreter der Bergwerksgesellschaft Trier zu Hamm.

„ John, W., Dr., Syndikus des Verbandes Ostdeutscher Industrieller, Danzig.

„ Joly, Kommerzienrat, Wittenberg.

„ Jordan, Direktor, Vertreter des Vereins der Fabrikanten landwirtschaftlicher Maschinen und Geräte, Halle a. S.

„ Just, Berlin.

„ Kamp, Kommerzienrat, Berlin-Grunewald.

„ Kauffmann, Georg, Dr., Kommerzienrat, Wüstegiersdorf in Schlesien, Vorsitzender der Handelskammer Schweidnitz.

„ Keibel, Dr., Vertreter der Handelskammer Essen (Ruhr).

„ Keindorff, Generaldirektor der Fürstlich Pleß'schen Güterverwaltung, Schloß Waldenburg i. Schles.

„ Klincke, Stolp, Vertreter des Verbandes Ostdeutscher Industrieller, Danzig.

Herr Knochenhauer, Bergrat, Vertreter des Oberschlesischen Berg- und Hüttenmännischen Vereins, Kattowitz.
„ Krause, Max, Kgl. Baurat, Direktor von A. Borsig, Berlin.
„ Krieger, B., Dr., Vertreter des Verbandes Deutscher Tonindustrieller und des Vereins der Kalksandsteinfabriken.
„ Kröner, Kommerzienrat, Vorsitzender des Vereins deutscher Marmorwerke, Kiefersfelden.
„ Krüger, Generalleutnant z. D., Exzellenz, Geschäftsführer des Vereins der Fabrikanten landwirtschaftlicher Maschinen und Geräte sowie des Verbandes Deutscher Maschinenfabrikanten für Brauereiindustrie, Berlin.
„ Kubatz, Dr., Geschäftsführer des Vereins zur Wahrung der Interessen der Asphaltindustrie in Deutschland, Berlin.
„ Kuhlo, Dr., Syndikus des Bayerischen Industriellen-Verbandes, München.
„ Lause, Gustav, i. Fa. Gebr. Stollwerck, Berlin.
„ Lehmann, Professor Dr., Handelskammersyndikus, Geschäftsführer des Vereins Deutscher Tuch- und Wollwarenfabrikanten und des Vereins für die berg- und hüttenmännischen Interessen im Aachener Bezirk, Aachen.
„ von Léwinski, Fabrikbesitzer, Weißwasser (Oberlausitz).
„ Leyde, Zivilingenieur, Berlin-Schöneberg.
„ Linde, Gustav, Regierungsbaumeister a. D., Berlin, Direktor des Vereins Deutscher Ingenieure.
„ Lübbers, Dr., Syndikus der Handelskammer Altona.
„ Macco, Dr.-Ing., Präsident der Handelskammer Siegen.
„ Mähl, J., Fabrikant, Bremen.
„ Marquardt, Vertreter der Kalksandsteinfabriken, Berlin.
„ Mathies, Regierungsrat, Berlin.
„ Mayer, Paul, Dr., Vertreter des Vereins zur Wahrung gemeinsamer Wirtschaftsinteressen der Deutschen Elektrotechnik, Berlin.
„ Meesmann, Direktor, Mainz, Geschäftsführer des Mittelrheinischen Fabrikantenvereins.
„ Meidel, Vertreter des Vereins Deutscher Brücken- und Eisenbau-Fabriken, Berlin.
„ Meyer, Wilhelm, Rechtsanwalt, Hannover, Vorsitzender des Vereins Deutscher Eisen- und Stahlindustrieller.
„ Mittelstaedt, Vertreter der Firma Christian Dierig, G. m. b. H., Oberlangenbielau.

Herr Moldenhauer, Professor Dr., Vertreter des Allgemeinen Versicherungsschutzverbandes, Köln.
„ Mollat, Dr., Syndikus der Handelskammer Siegen und Geschäftsführer des Berg- und hüttenmännischen Vereins, Siegen.
„ Müllensiefen, Kommerzienrat, Crengeldanz, Vertreter des Vereins deutscher Tafelglashütten, Kassel.
„ Mundt, Arthur, Vertreter des Deutschen Gypsvereins, Berlin.
„ Neißer, Justizrat, Geschäftsführer des Vereins schlesischer Textilindustrieller, Breslau.
„ Neubarth, Eugen, Kommerzienrat, Vorsitzender des Forster Fabrikantenvereins, Forst i. Lausitz.
„ Nitzsche, Dr., Hamburg, Vertreter des Verbandes der Eisenindustrie Hamburgs.
„ Peltzer, Adolf Fr., Fabrikbesitzer, M.-Gladbach, Vertreter des Vereins der Textilindustriellen von M.-Gladbach und Umgegend.
„ Pilch, Dr., Vertreter der Spirituszentrale, Berlin.
„ Pohl, Dr., Vertreter des Arbeitgeberverbandes für die Provinz Sachsen und der Vereinigung Deutscher Baumwollstrickgarnfabrikanten, Magdeburg.
„ Reusch, Kommerzienrat, Generaldirektor der Gutehoffnungshütte, Oberhausen (Rheinland).
„ Reuther, Oskar, Vertreter des Verbandes deutscher Druckpapierfabrikanten, Berlin.
„ Rhazen, Regierungsrat a. D., Generaldirektor der Gasmotorenfabrik Deutz, Köln.
„ Richter, Paul Theod., Vertreter der Firma Heintze & Blanckertz, Berlin.
„ Rieck, i. Fa. Heinrich Brandenburg, Schiffswerft, Hamburg.
„ Röchling, Louis, Kommerzienrat, Völklingen a. Saar.
„ Rocke, Dr., Syndikus, Hannover.
„ Röll, W., Kommerzienrat, i. Fa. Erdmann Kircheis, Aue i. E.
„ Rosenberg, Heinz, Oberlangenbielau.
„ Rosenstiel, Direktor, Vertreter der Firma Blohm & Voß, Hamburg.
„ Runge, Vertreter des Vereins Berliner Kaufleute, Berlin.
„ Salle, Dr., Bergassessor, Vertreter des Vereins der deutschen Kaliinteressenten, Magdeburg.
„ Schieß, Dr., Vertreter des Rheinisch-Westfälischen Kohlen-Syndikats, Essen-Ruhr.

Herr Schimmelpfeng, W., Berlin-Zehlendorf.
„ Schlenker, Dr., Syndikus der Handelskammer Chemnitz.
„ Schott, F., Geh. Kommerzienrat, Heidelberg.
„ Schrödter, E., Dr.-Ing., Ingenieur, Geschäftsführer des Vereins Deutscher Eisenhüttenleute, Düsseldorf.
„ von Schubert, Generalleutnant z. D., Mitglied des Reichstags, Exzellenz, Berlin.
„ Schürholz, H., Vorsitzender des Verbandes Deutscher Cocosindustrieller, Hervest-Dorsten.
„ Servaes, Geh. Kommerzienrat, Düsseldorf, Vorsitzender der Nordwestlichen Gruppe des Vereins deutscher Eisen- und Stahlindustrieller.
„ Siegert, Geschäftsführer des Industrievereins für den Regierungsbezirk Hildesheim.
„ Springorum, Kommerzienrat, Generaldirektor, Vorsitzender des Vereins Deutscher Eisenhüttenleute, Dortmund.
„ Steinegger, L., Vertreter der Baumwollspinnerei Mittweida, Mittweida.
„ Steller, Paul, Generalsekretär des Vereins der Industriellen des Regierungsbezirks Köln und des Vereins Deutscher Werkzeugmaschinenfabriken, Köln.
„ Stumpf, F., Generalsekretär des Georgs-Marien-Bergwerks- und Hütten-Vereins, Syndikus der Handelskammer zu Osnabrück.
„ Supf, Carl, Vorsitzender des Kolonialwirtschaftlichen Komitees, Berlin.
„ Tschierschky, Dr., Geschäftsführer des Vereins der Deutschen Textilveredlungsindustrie, Düsseldorf.
„ Treutler, Bergwerksdirektor, Saarau i. Schlesien.
„ Urbach, Vertreter des Cementwarenfabrikantenvereins Deutschlands, Berlin.
„ Uthemann, Geh. Bergrat, Zalenze, Kreis Kattowitz.
„ Vielhaber, Prokurist, Vertreter der Firma Fried. Krupp, Essen-Ruhr.
„ Voye, Dr., Geschäftsführer der Handelskammer Hagen und des Vereins der Märkischen Kleineisenindustrie, Hagen.
„ Walter, Fabrikdirektor, Hannover-Linden.
„ Wandel, Justizrat, Vertreter der Firma Fried. Krupp, A.-G., Essen (Ruhr).
„ Weber, Herm., Geh. Kommerzienrat, Vertreter der Handelskammer Gera.

Herr Weichelt, C., Leipzig.
„ Weinlig, Generaldirektor, Burg Lede b. Beuel a. Rh.
„ Weisdorff, Generaldirektor, Burbacher Hütte bei Saarbrücken.
„ Wenzel, Kommerzienrat, Leipzig.
„ Wiebe, Dr., Syndikus der Handelskammer Bochum, Bochum.
„ Woltmann, Vertreter der Gutehoffnungshütte, Oberhausen im Rheinland.
„ Zarniko, Vertreter des Industrievereins Hildesheim.

Als Gäste waren anwesend:

Herr von Beckerath, Dr., Berlin.
„ Ebner, Dr. jur., Assessor, Berlin.
„ Fahrenbach, L., Leipzig, Senefelderstr. 13/17.
„ Flamm, Geh. Regierungsrat, Professor, Vorsitzender des Zentralvereins für deutsche Binnenschiffahrt, Nicolassee.
„ Flathmann, Geschäftsführer, Charlottenburg.
„ Hackeloer-Köbbinghoff, Geh. Regierungsrat und Generaldirektor vom „Nordstern", Berlin.
„ Krause, Dr., Berlin.
„ Kühlmorgen, Dr., Oberjustizrat, Dresden-Blasewitz.
„ Mayer, Clemens, Dr., Geschäftsführer der Abteilung der Rohzuckerfabriken, Berlin.
„ Rágóczy, Generalsekretär des Zentralvereins für deutsche Binnenschiffahrt, Charlottenburg.
„ von Reiswitz, Freiherr, Hamburg.
„ von Roëll, Kammerherr, Freiherr, Berlin.
„ Schmigalla, Chefmathematiker des „Nordstern", Berlin.
„ Skopnik, Referendar, Berlin.
„ Soetbeer, Generalsekretär des Deutschen Handelstags, Berlin.
„ Tänzler, Dr., Syndikus, Berlin.
„ von Zedlitz und Neukirch, Freiherr, Seehandlungspräsident a. D., Mitglied des Hauses der Abgeordneten, Berlin.

Als Vertreter der Presse waren anwesend:

Herr Buchmann, Dr., „Berliner Politische Nachrichten", Berlin.
„ Herzberg, Vertreter des Korrespondenz-Bureaus, Berlin.
„ Joel, „Voss. Ztg.", Berlin.
„ Krause, Redakteur, „Berliner Politische Nachrichten", Berlin.
„ Neumann, „Rheinisch-Westf. Zeitung", Berlin.
„ Pietsch, Th., Dr., Berlin, Vertreter der „Schlesischen Zeitung".

Herr Plohn, Dr., Berlin-Halensee.
„ Pohl, Dr., Chefredakteur, „Die Post", Berlin.
„ Schweinburg, Chefredakteur der „Berliner Pol. Nachrichten", Berlin.
„ Steinmann-Bucher, Herausgeber der „Deutschen Industrie-Zeitung", Berlin.

Entschuldigt haben sich:

Vom Direktorium:

Herr von Rieppel, A., Dr.-Ing. h. c. und Dr. phil., Kgl. Geh. Baurat, Vorsitzender des Bayerischen Industriellen-Verbandes, Erster stellvertretender Vorsitzender, Nürnberg, Aeußere Cramer-Klettstr. 12.
„ Kirdorf, E., Geh. Kommerzienrat, Generaldirektor der Gelsenkirchener Bergwerks-Akt.-Ges., Rheinelbe bei Gelsenkirchen.
„ Vorster, Jul., Geh. Kommerzienrat, Mitglied des Hauses der Abgeordneten, Vorsitzender des Vereins der Industriellen des Regierungsbezirks Köln, Köln.
„ Schlumberger, Th., Geh. Kommerzienrat, Vorsitzender des Elsässischen Industriellen-Syndikats, Mülhausen im Elsaß.
„ Hilger, Geh. Bergrat, Generaldirektor der Vereinigten Königs- und Laurahütte, Vorsitzender der Oestlichen Gruppe des Vereins Deutscher Eisen- und Stahl-Industrieller, Berlin NW, Dorotheenstr. 50.
„ Vogel, Geh. Kommerzienrat, Vorsitzender des Verbandes der Textilindustriellen, Chemnitz.
„ von Siemens, Wilhelm, Dr.-Ing., Geh. Regierungsrat, Vorsitzender des Aufsichtsrats der Siemens-Schuckertwerke, Berlin.

Von Mitgliedern:

Herr Ashoff, Syndikus, Altena i. W.
„ Baur, G., Kiel-Gaarden.
„ Bock, Kommerzienrat, Würzburg.
„ Böcking, Geh. Kommerzienrat, Halbergerhütte, Post Brebach.
„ Brandt, Dr., Syndikus, Düsseldorf.
„ Dulon, Kommerzienrat, Magdeburg.
„ Gottstein, Dr., Kommerzienrat, Breslau.
„ Guggenheimer, Dr., Direktor, Augsburg.

Herr Haeuser, Justizrat, Höchst a. M.
" Koechlin, Alb. G., Steinen (Baden).
" Kollmann, Wilh., Geh. Kommerzienrat, Bismarckhütte.
" Körting, B., Geh. Kommerzienrat, Hannover.
" Langen, C. O., Kommerzienrat, M.-Gladbach.
" von Langen, Gottlieb, Köln.
" Laurenz, Kommerzienrat, Ochtrup i. W.
" Lindgens, Adolf, Mülheim a. Rhein.
" Linke, Generaldirektor, Slawentzitz.
" Lohse, Eduard, Chemnitz.
" von und zu Loewenstein, Bergassessor, Essen-Ruhr.
" Mittelstaedt, Wilhelm, Oberlangenbielau.
" Moschel, Karl, Offenbach-Main.
" Müller, Geh. Ober-Finanzrat a. D., Berlin.
" Niedt, Dr.-Ing., Generaldirektor, Gleiwitz.
" Oswald, W., Kommerzienrat, Koblenz.
" Randebrock, Bergrat, Generaldirektor, Gelsenkirchen.
" Reinecker, J. E., Kommerzienrat, Dr.-Ing., Chemnitz.
" Rickel, Ferd., Direktor, Harburg.
" Selve, i. Fa. Basse & Selve, Altena i. Westf.
" von Skene, Karl, Geh. Kommerzienrat, Klettendorf b. Breslau.
" Siemens, Bergrat, Halle a. S.
" Schmid, Th. W., Direktor, Hof i. Bayern.
" Ugé, Kommerzienrat, Kaiserslautern (Pfalz).
Verkaufsstelle des deutschen Kupferdrahtverbandes, Köln.
Herr Voltz, Dr., Generalsekretär, Kattowitz.
" Winkler, Paul, Geh. Kommerzienrat, Fürth i. Bayern.
" Ziegler, Gottfr., Kommerzienrat, Düsseldorf.
" Zörner, Bergrat, Generaldirektor, Kalk bei Köln.

Die Neuerungen der Reichsversicherungs-Ordnung.

Vortrag von Direktor F. Meesmann,

gehalten in der Versammlung des Mittelrheinischen Fabrikanten-Vereins und der Süddeutschen Gruppe des Vereins deutscher Eisen- und Stahl-Industriellen in Mainz am 12. Oktober 1911.

Meine Herren!

Die Reichs-Versicherungsordnung ist nach langwierigen Beratungen vor einigen Monaten Gesetz geworden. In Kraft treten wird sie zum Teil am 1. Januar 1912, nämlich bezüglich der Invaliden- und Hinterbliebenen-Versicherung, zum größeren Teil nach den neuesten Verlautbarungen wohl erst am 1. Januar 1913. Das ist verständlich, wenn man die vielfachen tiefgreifenden Aenderungen berücksichtigt, die mit der Reichs-Versicherungsordnung sowohl hinsichtlich der Verfassung der Versicherungsträger wie hinsichtlich der materiellen Bestimmungen verbunden sind. Hat man daher auch bezüglich der Kranken- und Unfallversicherung noch Zeit, sich mit den Bestimmungen des Gesetzes vertraut zu machen, so hat doch der Vorstand des Vereins geglaubt, daß es zweckmäßig sei, wenn ich heute in einem kurzen Vortrag einmal einen Ueberblick gebe über die hauptsächlichsten Neuerungen, die das Gesetz gegenüber der seitherigen Rechtslage bringen wird. Der Vorstand fühlt hierzu um so mehr eine Verpflichtung, als der Mittelrheinische Fabrikantenverein sich stets in besonders eingehender Weise mit der sozialen Versicherungsgesetzgebung befaßt und zu ihrer Reform wiederholt Vorschläge gemacht hat, die auch in weiteren Kreisen und bei den Reichsbehörden Beachtung gefunden haben.

Das Aeußere des Gesetzes entspricht im wesentlichen dem Entwurf, den die Reichsregierung dem Reichstag vorgelegt hatte. Danach besteht das Gesetz aus sechs Büchern, von denen das erste, fünfte und sechste allgemeine Bestimmungen, d. h. solche, die für sämtliche Versicherungszweige gelten, enthält, während das zweite, dritte und vierte Buch die besonderen Bestimmungen für die Kranken-, die Unfall- und die Invaliden- und Hinterbliebenen-Versicherung umfassen. Das dritte Buch zerfällt noch in drei besondere Teile für die Gewerbe-, landwirtschaftliche und See-Unfallversicherung. Da jeder Versicherungszweig wie seither seine besonderen Versicherungsträger hat und in seinen Aufgaben und Leistungen besonders geartet ist, so ist die Zusammenfassung der drei Versicherungszweige in ein Gesetz mehr eine äußerliche. Das gemeinsame Band besteht außer in dem gleichen sozialen Zweck darin, daß gewisse formale und Verfassungsvorschriften auf den drei Gebieten in Einklang gebracht, der Instanzenzug einheitlicher wie seither geordnet ist, und daß in dem technischen Aufbau des Gesetzes eine möglichste Gleichmäßigkeit waltet. Ich will diese Vorzüge nicht gering schätzen und zolle sogar der technischen Durcharbeitung sowie der außerordentlich klaren Sprache des Gesetzes meine Bewunderung, aber ich kann trotzdem heute so wenig wie früher in der Zusammenfassung einen Nutzen erblicken. Ich besorge vielmehr, daß der außerordentliche Umfang des Gesetzes, das 1804 Paragraphen umfaßt, und die mehr theoretisch als praktisch schätzenswerte Anordnung den ehrenamtlichen Organen der Versicherungsträger die Handhabung und Orientierung erschwert. Jedenfalls ist es heute eine dringende Aufgabe der sozialpolitischen Schriftsteller und Gelehrten sowie des Buchhandels, worauf die Regierungsdenkschrift seinerzeit schon hinwies, das Gesetz in einer für den praktischen Gebrauch geeigneten Form zu verarbeiten. Die Träger der landwirtschaftlichen und See-Unfall-Versicherung können mit dem Gesetz praktisch überhaupt nichts anfangen wegen der zahllosen Verweisungen auf Paragraphen der Gewerbe-Unfallversicherung, und für beide muß daher erst je eine besondere Ausgabe hergestellt werden, ehe zum Gebrauch des Gesetzes übergegangen werden kann.

Die wichtigste Rolle bei der Erörterung des Regierungsentwurfs spielte bekanntlich die Frage der Schaffung neuer Versicherungsbehörden, die in der Industrie starken Widerspruch hervorrief. Hier ist den Wünschen in recht weitgehendem Maße Rechnung getragen worden. Die Versicherungsämter, die gedacht waren als selbständige Behörden für die unteren Verwaltungsbezirke mit instanziellen Befugnissen neben und über den drei Arten von Versicherungsträgern mit einem Verwaltungsapparat, für den die Versicherungsträger die Kosten aufbringen sollten, ohne aber bei der Geschäftsführung irgend etwas mitreden zu können, sind gründlich umgewandelt. Nach dem Gesetz sind sie lediglich Abteilungen der unteren Verwaltungsbehörden, deren Leiter ihr Vorsitzender ist, mit einem ständigen Stellvertreter, der nicht Richter zu sein braucht, sondern ein Beamter, „der durch Vorbildung und Erfahrung auf dem Gebiet der Arbeiterversicherung geeignet ist". Für mehrere Verwaltungsbezirke kann auch ein Versicherungsamt gebildet werden. Die vorgesehenen Sonderversicherungsämter für staatliche Betriebe sind weggefallen. Die Befugnisse der Aemter bestehen zunächst in der Wahrnehmung derjenigen Aufgaben, die seither schon den unteren Verwaltungsbehörden auf dem Gebiet der sozialen Versicherung oblagen, also Beaufsichtigung der Krankenkassen, Entgegennahme und Weitergabe von Anzeigen, Vornahme von Feststellungen, Vorbereitung der Rentenfeststellung für die Invalidenversicherung, ferner in einer Art Vermittlertätigkeit bei der Unfallversicherung im Entschädigungsverfahren, worauf ich noch zurückkomme. Ihre Befugnisse sind im übrigen näher präzisiert und ausgebaut. Sie haben als Beisitzer Vertreter der Arbeitgeber und Versicherten, die bei gewissen Angelegenheiten zu Spruchsitzungen herangezogen werden. Sie besitzen aber keine instanziellen Befugnisse auf dem Gebiet der Unfallversicherung, sie haben auch nicht mitzuwirken bei der Unfallversicherung oder bei dem Heilverfahren, und was die Hauptsache ist, die Kosten der Versicherungsämter sind nicht von den Versicherungsträgern, sondern von den Bundesstaaten oder Gemeindeverbänden, die die Aemter errichten, aufzubringen. Nur Barauslagen in Spruchsachen haben die Versicherungsträger zu ersetzen. Diese Bestimmung wird der beste Schutz sein gegen eine die Selbstverwaltung der Versicherungsträger in unzulässiger Weise beeinträchtigende Ausdehnung der Tätigkeit der Versicherungsämter. Die Beisitzer der Versicherungsämter werden von den Vorständen der Krankenkassen des Bezirks gewählt nach dem Grundsatz der Verhältniswahl.

Die nächst höhere Instanz der Versicherungsbehörden sind die Oberversicherungsämter, eine Fortbildung der jetzigen Schiedsgerichte für Arbeiterversicherung. Sie können den oberen Verwaltungsbehörden angegliedert, aber auch selbständig errichtet werden, mit einem Direktor als Leiter und weiteren ständigen Mitgliedern. Während aber die Arbeiterschiedsgerichte nur Berufungsinstanzen bei der Unfall- und Invalidenversicherung waren, sind die Ober-Versicherungsämter auch Verwaltungs- und Beschlußbehörden. Sie setzen den Ortslohn fest, genehmigen Krankenkassensatzungen, die Dienstordnungen der Kassenbeamten, entscheiden bei

Beitragsstreitigkeiten in der Krankenversicherung, bei Beschwerden gegen die Ablehnung der Aufnahme von Betrieben in die Berufsgenossenschaften und gegen Beitragsleistungen und Strafen, sowie gegen Einschätzungen zum Gefahrentarif und sind wie seither Berufungsinstanzen der Unfall- und Invalidenversicherung. Abgesehen davon, daß mir die Uebertragung der Entscheidung von Kataster- und Gefahrentarifbeschwerden nicht zweckmäßig erscheint, weil bei der Schwierigkeit und Wichtigkeit dieser Fragen eine einheitliche Instanz, nämlich das Reichs-Versicherungsamt, das künftig nur als Beschwerdeinstanz angerufen werden kann, richtiger wäre, ist die Gestaltung der Ober-Versicherungsämter zu begrüßen. Sie sichern gegenüber den heutigen Schiedsgerichten durch die jetzt mögliche Besetzung mit älteren erfahrenen Beamten eine sachkundigere Behandlung der Geschäfte und stellen außerdem, da sie auf allen Gebieten der Arbeiterversicherung tätig sind, eine wirklich sachverständige Versicherungsbehörde dar.

Zu jedem Ober-Versicherungsamt gehören regelmäßig 40 Beisitzer, 20 Arbeitgeber und 20 Arbeiter, von denen je zwei bei Spruchsitzungen zugezogen werden. Bei Beschlußsitzungen (Beschlußkammer) wirkt je ein Vertreter der Arbeitgeber und Versicherten mit, und zwar werden diese beiden Vertreter von sämtlichen Vertretern aus ihrer Mitte auf vier Jahre gewählt. Die Arbeiterbeisitzer werden nicht, wie die Regierungsvorlage vorsah, durch die Versicherungsvertreter bei den Versicherungsämtern, sondern zur Hälfte von den Arbeitgebermitgliedern im Ausschuß der zuständigen Versicherungsanstalt und zur Hälfte von den Vorständen der zuständigen landwirtschaftlichen und der gewerblichen Vertrauens-Berufsgenossenschaft gewählt. Hierzu ist zu bemerken, daß sämtliche für den Bezirk in Betracht kommenden gewerblichen Berufsgenossenschaften eine einzige Berufsgenossenschaft, eben die Vertrauens-Berufsgenossenschaft, mit der Wahl beauftragen. Die Arbeitnehmerbeisitzer werden dagegen von den Versichertenvertretern der Versicherungsämter gewählt. Hier ist die Verhältniswahl vorgeschrieben. Die K o st e n der Ober-Versicherungsämter sollten nach dem Regierungsentwurf ebenfalls die Versicherungsträger zahlen. Auch hier hat der Reichstag eine gründliche Aenderung vorgenommen, indem er die allgemeinen Kosten dem Bundesstaat auferlegte, während die Versicherungsträger nur in Spruchsachen einen Betrag als Pauschbetrag zu zahlen haben, den der Bundesrat auf je vier Jahre einheitlich für das Reich, aber gesondert nach den drei Versicherungsarten festsetzt und der die Hälfte der Kosten der Ober-Versicherungsämter unter

Abrechnung der Bezüge der Mitglieder und ihrer Stellvertreter nicht übersteigen soll. Diese Regelung bietet den Versicherungsträgern gegen seither eine gewisse Entlastung, da sie für die Arbeiterschiedsgerichte außer dem Gehalt des Vorsitzenden alle Kosten zu tragen hatten.

Die oberste Stelle der Arbeiterversicherung ist nach wie vor das Reichs-Versicherungsamt, in dessen Organisation sich erfreulicherweise wenig geändert hat. Das Reichs-Versicherungsamt bildet Spruchsenate, vornehmlich für das Rekursverfahren, und Beschlußsenate für andere Angelegenheiten. Die Spruchsenate sind, wie seither die Rekurssenate, mit sieben Mitgliedern, die Beschlußsenate mit fünf Mitgliedern besetzt. Für besondere Aufgaben wird ähnlich dem bisherigen erweiterten Senat ein großer Senat gebildet, nämlich wenn es sich um grundsätzliche Entscheidungen und um Fragen handelt, bei denen ein Senat von der Entscheidung eines anderen Senats abweichen will. Dieser große Senat hat elf Mitglieder. Nicht unwichtig ist, daß künftig Vertreter der Arbeitgeber und Versicherten auch im Beschlußverfahren mitwirken. Die Arbeitgebervertreter werden zur Hälfte von den Arbeitgebermitgliedern in den Ausschüssen der Versicherungsangestellten, und zwar vier aus dem Bereich der Gewerbe-Unfallversicherung, zwei aus dem der landwirtschaftlichen Unfallversicherung, die andere Hälfte zu zwei Dritteln von den gewerblichen Berufsgenossenschaften und Ausführungsbehörden und zwei von den landwirtschaftlichen Berufsgenossenschaften gewählt. Die Wahl der Arbeitervertreter erfolgt durch die Versichertenbeisitzer bei den Ober-Versicherungsämtern. Die Aufgaben des Reichs-Versicherungsamts sind wie seither die einer Aufsichtsbehörde über die Träger der Unfall- und der Invaliden- und Hinterbliebenen-Versicherung, einer obersten Verwaltungs- und Rekursinstanz. Neu hinzugekommen ist seine Stellung als oberste Instanz auch in gewissen Krankenversicherungs-Angelegenheiten. Somit ist auch die wichtige Forderung der Industrie, daß ein einheitlicher Instanzenzug für alle Zweige der sozialen Versicherung geschaffen werden möge, im wesentlichen erfüllt. Die Kosten des Reichs-Versicherungsamts trägt wie bisher das Reich.

Ueber die Beziehungen zwischen den einzelnen Versicherungsträgern und ihre Verpflichtungen untereinander bestanden bekanntlich bisher mancherlei Unstimmigkeiten. Die Reichs-Versicherungsordnung hat dieses ganze Gebiet in dem fünften Buch ebenfalls klar und erschöpfend geregelt, so daß künftig Streitigkeiten kaum mehr vorkommen dürften; ihre Zahl ist übrigens auch seither schon nicht groß gewesen, weil man sich durch gegenseitige Verständigung zu helfen wußte.

Von Bedeutung in dem Verhältnis zwischen Kranken- und Unfallversicherung sind folgende Bestimmungen:

Wenn die Berufsgenossenschaft zu einer Zeit, für die sie entschädigungspflichtig ist, die Fürsorge für den Verletzten nicht übernommen hat und ihm für eine solche Zeit die Krankenkasse Krankengeld oder Krankenhauspflege gewährt hat, so gilt der Verletzte für diese Zeit als völlig erwerbsunfähig. Hierdurch soll bewirkt werden, daß die Berufsgenossenschaft unter allen Umständen bis zum Beginn der vierzehnten Woche zu dem Entschädigungsanspruch Stellung nimmt, was aber oft wegen Schwierigkeiten, die außer dem Machtbereich der Berufsgenossenschaft liegen, gar nicht möglich sein wird. Die Streitfrage, ob Krankengeld neben Unfallrente zu zahlen ist in der Zeit von der 14. bis 26. Woche, in welcher bekanntlich die Verpflichtungen der Krankenkasse und Berufsgenossenschaft zusammenfallen, ist in bejahendem Sinne entschieden, jedoch geht die Unfallrente bis zum halben Betrag auf die Krankenkasse über. Um ein zusamenhängendes Heilverfahren zu sichern, ist bestimmt, daß die Berufsgenossenschaft der Krankenkasse das Heilverfahren auch nach Beendigung der Wartezeit übertragen, oder daß sie schon innerhalb der Wartezeit selbst das Heilverfahren übernehmen kann. In letzterem Falle hat die Krankenkasse der Berufsgenossenschaft nicht nur wie seither das Krankengeld, sondern dazu noch zur Deckung der Kosten der Krankenpflege einen Beitrag von drei Achteln des Grundlohnes, nach welchem sich das Krankengeld bestimmt, zu ersetzen. In ähnlicher Weise ist das Verhältnis zwischen Krankenkassen und Invalidenversicherungsanstalten geregelt.

Ich komme nun zu den besonderen Bestimmungen für die Krankenversicherung, dem zweiten Buch. Der Versicherungsumfang ist in mehrfacher Hinsicht ausgedehnt worden. Vor allem hat der Reichstag die Gehaltsgrenze für die Versicherungspflicht der Angestellten von 2000 auf 2500 M. erhöht, wodurch zahlreiche Privatbeamte der Versicherung neu unterstellt werden. Sodann ist die Versicherungspflicht ausgedehnt auf die gesamte Landwirtschaft, die Dienstboten, Haus-Gewerbetreibenden, das Wandergewerbe und die unständig Beschäftigten, ferner auf Gehilfen und Lehrlinge in den Apotheken und Lehrer und Erzieher. Damit ist im allgemeinen eine Gleichstellung mit der Invaliden-

Versicherung eingetreten. Der eine Unterschied liegt nur noch darin, daß bei der Invaliden-Versicherung die Haus-Gewerbetreibenden nicht wie bei der Krankenversicherung der gesetzlichen Versicherungspflicht unterliegen, sondern der Bundesrat die Versicherungspflicht auf sie ausdehnen kann.

Seither konnte der Bundesrat bei der Krankenversicherung die Versicherungspflicht ausdehnen auf Betriebsunternehmer, die höchstens zwei Arbeiter beschäftigten. Diese Bestimmung ist gefallen und dafür diesen Unternehmern die Berechtigung gegeben worden, sich freiwillig zu versichern, sofern ihr Einkommen 2500 M. nicht übersteigt. Für freiwillig Versicherte kann durch die Satzung das Recht zum Beitritt von einer bestimmten Altersgrenze und der Vorlegung eines Gesundheitszeugnisses abhängig gemacht werden. Die Versicherungsberechtigung der freiwillig Versicherten erlischt in allen Fällen, wenn das regelmäßige jährliche Einkommne 4000 M. übersteigt.

Träger der Krankenversicherung sind wie seither die Krankenkassen, und zwar bilden nach wie vor das Rückgrat der Organisation die Ortskrankenkassen. Neben ihnen bestehen die Knappschafts-, Betriebs- und Innungskrankenkassen, als Ersatzeinrichtung die Hilfskassen. Die sogenannte Gemeindekrankenversicherung, die eine Fürsorge für die einer Krankenkasse nicht angehörenden Personen, namentlich Dienstboten, darstellte, ist beseitigt, an ihre Stelle ist eine neue Kassenart, die Landkrankenkasse, getreten, die namentlich für Landarbeiter, Dienstboten, das Wandergewerbe und die Hausgewerbetreibenden bestimmt ist.

Der Entwurf beabsichtigte bekanntlich eine außerordentliche Einschränkung der Zahl der Krankenkassen, indem er namentlich die Betriebskrankenkassen nur noch zulassen wollte, soweit sie 500 Versicherte umfassen, für bestehende war diese Zahl auf 250 ermäßigt. Der Reichstag hat indessen diesen Bestrebungen erfolgreich widersprochen. Nach dem Gesetz bestehen folgende Beschränkungen für die verschiedenen Kassenarten: berufliche Ortskrankenkassen sollen nur zugelassen werden, soweit sie bereits bestehen und mehr als 250 Mitglieder haben. Betriebskrankenkassen können errichtet werden, wenn die Zahl der Mitglieder 150 (seither 50) beträgt, für bestehende Kassen ist diese Zahl auf 100 herabgesetzt. Bei landwirtschaftlichen und Binnenschiffahrtsbetrieben genügt eine Zahl von 50 Versicherten. Betriebs- und Innungskrankenkassen dürfen ferner nur dann bestehen bleiben, wenn sie die Ortskrankenkasse nicht gefährden, ihre Leistungen mindestens denen der letzteren entsprechen und ihre Leistungsfähigkeit für die Dauer sicher ist. Eine Gefährdung der Ortskrankenkasse liegt aber nicht vor, wenn ihr 1000 Mitglieder verbleiben. Den freien Hilfskassen, die der Entwurf fast völlig beseitigt haben würde, ist ihr Dasein erheblich erschwert. Sie werden als Ersatzeinrichtung nur zugelassen, soweit sie schon vor dem 1. April 1909 zugelassen waren und in der Regel mehr als 1000 Mitglieder haben. Sie dürfen die Aufnahme nicht mehr von einer besonderen Wahl (Risikoauswahl) abhängig machen, sondern müssen jeden aufnehmen, der zu dem in der Satzung bezeichneten Personenkreis gehört, ohne Rücksicht auf Lebensalter und Gesundheitszustand. Nur bereits erkrankte Personen können sie zurückweisen. Sehr wichtig ist ferner die Bestimmung, daß die Arbeitgeber für die bei einer freien Hilfskasse Versicherten die gesetzlichen Leistungen an die zuständige Ortskrankenkasse zu entrichten haben, ohne daß daraus den Versicherten eine Gegenleistung erwächst. Die Bestimmung ist getroffen, um den Arbeitgeber, der bei einer freien Hilfskasse beschäftigte Angestellte beschäftigt, die in der Regel die Beiträge allein zahlen, nicht günstiger zu stellen wie die anderen Arbeitgeber.

Die Reichstagskommission hat aber hier die Bestimmung eingefügt, daß bei Ersatzkassen mit einer überwiegenden Zahl solcher Mitglieder, die ihren Aufenthaltsort häufig wechseln (Handlungsgehilfen usw.) die Arbeitgeberbeiträge auf Antrag der Ersatzkasse zu $^4/_5$ dieser zu überweisen sind. Dadurch wird den Ersatzkassen die Existenz wesentlich erleichtert.

Eine durchgreifende Aenderung in der Organisation der Krankenkassen wurde vielfach und auch wohl von der Regierung als der wichtigste Punkt der Reform der Versicherungsgesetze angesehen. Man wollte den politischen Einfluß der sozialdemokratischen Kreise in der Verwaltung der Ortskrankenkassen beseitigen, der dadurch ermöglicht ist, daß auf die Arbeiter zwei Drittel der Stimmen, aber auch der Beiträge entfallen und auf die Arbeitgeber nur ein Drittel. Der Vorschlag der Regierung ging dahin, die Beiträge und Stimmen zu hälfteln und sodann ein Wahlverfahren für die Vorstandsmitglieder zu schaffen, das bei Stimmengleichheit den Versicherungsbehörden einen maßgebenden Einfluß sichern sollte. Die Industrie hatte sich in ihrer überwiegenden Mehrheit hiermit einverstanden erklärt, trotz der Mehrbelastung für die Arbeitgeber, die auf etwa 56 Millionen Mark jährlich geschätzt wurde. Der Reichstag hat jedoch eine andere, ziemlich überraschende Lösung gefunden, indem er zwar das Beitrags- und Stimmenverhältnis wie seither beließ, aber für die Wahl zum Vorstand und für die Kassenämter den Arbeitgebern den gleichen Einfluß gab, wie den Arbeitern. Die Regelung ist folgendermaßen getroffen: Der *Vorsitzende* der Ortskrankenkasse muß die Mehrheit der Stimmen der Arbeiter wie der Arbeitgeber auf sich vereinigen. Ist diese nicht vorhanden, so findet eine nochmalige Wahl statt; kommt auch dann eine beiderseitige Mehrheit nicht zustande, so bestellt das Versicherungsamt den Vorsitzenden. Dieser darf nur dann einer der beiden Parteien angehören, wenn die andere Partei in ihrer Mehrheit damit einverstanden ist. Im anderen Fall wird ein Beamter zum Vorsitzenden ernannt und wir haben alsdann eine bureaukratische Verwaltung.

Bei der *Bestellung der Beamten* geht es ähnlich zu. Die Beamten werden ebenfalls durch übereinstimmenden Beschluß beider Parteien im Vorstand bestellt. Findet keine Einigung statt, so wird eine neue Sitzung abgehalten, und in dieser genügt es, wenn der Beamte die Zweidrittel-Mehrheit der Anwesenden erhält (Arbeitgeber und Arbeiter durchgerechnet), jedoch bedarf diese Wahl der Bestätigung durch das Versicherungsamt. Kommt ein gültiger Beschluß nicht zustande, dann bestellt wiederum das Versicherungsamt den Beamten, zunächst widerruflich; ist aber auch nach einem Jahr kein gültiger Beschluß zustande gekommen, so kann das Versicherungsamt die Stelle dem Beamten endgültig übertragen mit Genehmigung des Ober-Versicherungsamts.

Meines Erachtens ist im Interesse der Selbstverwaltung dringend zu wünschen, daß die Arbeitgeber und Versicherten in allen Fällen den Weg vernünftiger Verständigung betreten, anstatt die Behörden zu einem Eingreifen zu veranlassen.

Als *Vertretung der Mitglieder* dient nicht wie seither die Generalversammlung, sondern ein Ausschuß von höchstens 90 Vertretern, der zu einem Drittel aus Arbeitgebern und zu zwei Dritteln aus Versicherten besteht. Ich flechte hierbei ein, daß bei der Kranken-, sowie bei der Invaliden- und Hinterbliebenen-Versicherung Versicherte für die Bildung der Organe den Arbeitgebern zugerechnet werden, wenn sie regelmäßig mehr als zwei Versicherungspflichtige beschäftigen. Bei der Unfallversicherung werden versicherte Mitglieder der Berufsgenossenschaften den Unternehmern zugerechnet, wenn sie regelmäßig wenigstens einen Versicherungspflichtigen beschäftigen.

Bei der Ortskrankenkasse wählen die Arbeitgeber und Versicherten ihre Vertreter je aus ihrer Mitte unter Leitung des Vorstandes, in dessen Ermangelung unter Leitung des Versicherungsamtes. Das Stimmrecht der Arbeitgeber wird nach der Zahl der Beschäftigten bemessen. Die Vertreter der Arbeitgeber und der Versicherten im Ausschuß wählen getrennt aus ihrer Gruppe die Vorstandsmitglieder, und zwar die Arbeitgeber ein Drittel und die Versicherten zwei Drittel. Bei den Betriebskrankenkassen ist die Zahl der Versicherten im Ausschuß auf höchstens 50 zu bemessen. Der Arbeitgeber oder sein Vertreter führt den Vorsitz. Er hat die Hälfte der Stimmen, die den Versicherten zustehen. Bei der Landkrankenkasse wählt die Vertretung des Gemeindeverbandes den Vorsitzenden und die anderen Mitglieder des Vorstandes.

Eine grundsätzliche und erschöpfende Regelung sollte in der Reichs-Versicherungsordnung auch das Verhältnis der Krankenkassen zu den Aerzten finden. Der erste Regierungsentwurf enthielt darauf bezügliche Vorschriften, die auch gewisse Zwangsschiedsgerichte zur Erledigung von Streitigkeiten vorsahen. Der starke Widerspruch, der sich hiergegen in Aerztekreisen erhob, führte in der zweiten Vorlage zu einer Regelung, die den Aerzten weitgehend entgegenkam und nach meiner Auffassung auf eine Durchführung der freien Arztwahl hinauslief; denn es war vorgesehen, daß eine Krankenkasse, die einen Vertrag nach dem Kassearztsystem nicht schließen konnte, es zunächst mit der freien Arztwahl versuchen mußte, ehe die Verwaltungsbehörde eingriff. Da auch diese Regelung heftigen Widerspruch erfuhr, so hat nun die Reichs-Versicherungsordnung von der Regelung des Arztsystems völlig abgesehen. Sie schreibt nur vor, daß das Verhältnis der Kasse zu den Aerzten durch einen schriftlichen Vertrag zu regeln ist, und daß die Kasse, soweit sie dadurch nicht erheblich mehr belastet wird, den Versicherten die Auswahl zwischen mindestens zwei Aerzten frei lassen muß. Kommt ein Vertrag zu angemessenen Bedingungen mit einer ausreichenden Zahl von Aerzten nicht zustande, oder halten die Aerzte den Vertrag nicht ein, so kann das Ober-Versicherungsamt (Beschlußkammer) die Kasse auf ihren Antrag widerruflich ermächtigen, statt Krankenpflege eine bare Leistung bis zu zwei Dritteln des gesetzlichen Krankengeldes der Versicherten zu gewähren. Das Ober-Versicherungsamt bestimmt zugleich, wie die Krankheit anders als durch ärztliche Bescheinigung nachgewiesen werden kann, ferner daß die Kassenleistungen so lange eingestellt werden, bis ein ausreichender Nachweis für die Krankheit erbracht ist. Genügt bei einer Kasse die ärztliche Behandlung oder Krankenhauspflege nicht den berechtigten Anforderungen, so kann das Ober-Versicherungsamt jederzeit anordnen, daß die Leistungen noch durch andere Aerzte oder Krankenhäuser zu gewähren sind. Gegen eine solche Verfügung ist die Beschwerde bei der oberen Verwaltungsbehörde zulässig. Wie man sieht, hängt die Bedeutung der gegebenen Bestimmungen in weitgehendem Maße von der Haltung der Ober-Versicherungsämter ab, und es ist nicht ausgeschlossen, daß hieraus noch manche Kämpfe entstehen werden.

Aehnlich wie das Verhältnis zu den Aerzten ist das zu den Zahnärzten geregelt.

Aerzten wie Zahnärzten zeigt die Reichs-Versicherungsordnung ein erhebliches Entgegenkommen durch die Bestimmung, daß als ärztliche Behandlung im Sinne des Gesetzes künftig nur eine Behandlung durch approbierte Aerzte und Zahnärzte gelten soll. Andere Personen sind zur Behandlung nur zuzulassen, wenn es vom Arzt angeordnet wird, oder wenn in dringenden Fällen kein approbierter Arzt zu erreichen ist. Die oberste Verwaltungsbehörde bestimmt, inwieweit auch sonstige Hilfspersonen selbständig Hilfe leisten können. Bei Zahnkrankheiten kann mit Ausschluß von Mund- und Kieferkrankheiten die Behandlung, außer durch Zahnärzte, mit Zustimmung des Versicherten auch durch Zahntechniker gewährt werden. Die oberste Verwaltungsbehörde bestimmt, wie weit auch sonst Zahntechniker bei solchen Zahnkrankheiten selbständig Hilfe leisten können.

Ueber das Verhältnis der Kassen zu den Apotheken enthält die Reichs-Versicherungsordnung ebenfalls Bestimmungen. Es ist zugelassen, daß Kassen mit einzelnen Apotheken wie seither Verträge schließen können. Diese Erlaubnis wird aber meines Erachtens illusorisch durch die Bestimmung, daß alle anderen Apotheken einem solchen Vertrag ohne weiteres beitreten können, wenn sie sich seinen Bestimmungen unterwerfen. Damit entfällt für den einzelnen Apotheker jeder Anreiz, einen Vertrag mit einer Kasse abzuschließen. Sehr einschneidend für Apotheker ist die Bestimmung, daß sie den Krankenkassen für die Arzneien einen Abschlag von den Preisen der Arzneitaxe zu gewähren haben, dessen Höhe die oberste Verwaltungsbehörde bestimmt. Dieselbe Behörde setzt ferner die Höchstpreise der im Handverkauf erhältlichen Arzneimittel fest.

Ich wende mich nun zum dritten Buch, das die Unfallversicherung behandelt.

Der Versicherungsumfang hat hier ebenfalls einige Erweiterungen erfahren. Zunächst sind einige Gewerbezweige, nämlich die Dekoration, die Binnenfischerei und die Gerberei der Versicherungspflicht neu unterstellt, soweit sie nicht bereits versicherungspflichtig waren. Die Versicherungspflicht der Handelsbetriebe ist neu geregelt in der Weise, daß jetzt keine Trennung der versicherungspflichtigen von der versicherungsfreien Tätigkeit derselben Angestellten, die seither zu großen Unzuträglichkeiten geführt hat, besteht. Dagegen ist durch die Einführung des Begriffs des „Kleingewerbes", den das Reichs-Versicherungsamt näher bestimmen soll, ein Unterscheidungsmerkmal geschaffen, das gegenüber der seitherigen Bedingung des Eintrags im Handelsregister zu recht erheblichen Schwierigkeiten führen wird. Die Versicherungspflicht der Betriebsbeamten ist ausgedehnt auf Beamte bis zu 5000 M. Jahresverdienst (seither 3000 M.), wodurch nach meiner Meinung diesen Beamten, die besser bei einer Privatversicherung versichert würden, keine besondere Wohltat erwiesen ist. Die Möglichkeit, durch die Satzung die Versicherungspflicht auszudehnen, erweitert das Gesetz auf Betriebsunternehmer mit einem Einkommen bis zu 3000 M. oder bis zu zwei versicherungspflichtigen Personen. Außerdem kann die Versicherungspflicht ausgedehnt werden auf Hausgewerbetreibende und auf Betriebsbeamte mit einem Jahresverdienst über 5000 M. Eine freiwillige Versicherung kann durch die Satzung in seitherigem Umfang zugelassen werden, wobei die sehr richtige Bestimmung getroffen worden ist, daß die freiwillige Versicherung außer Kraft tritt, wenn der Beitrag trotz Mahnung nicht bezahlt worden ist. Seither fehlte eine solche Möglichkeit. Wichtig für unsere Industrie ist die Neuerung, daß Gegenseitigkeitsverträge mit dem Ausland über die Versicherung inländischer Betriebe im Ausland und umgekehrt nicht nur für die Unfallversicherung, sondern auch für die Kranken- und Invalidenversicherung abgeschlossen werden können, ferner, daß solche Vereinbarungen sich auch erstrecken können auf einzelne Betriebstätigkeiten (z. B. Montagen) im Ausland, nicht nur auf ganze Betriebe. Damit können viele unangenehme Verhältnisse, unter denen unsere Industrie seither zu leiden hatte, aus dem Wege geräumt werden. Allerdings müßte auch die Voraussetzung zu solchen Vereinbarungen, die Einführung von gleichartigen Fürsorgegesetzen, wie wir sie haben, im Ausland in immer höherem Grade eintreten.

Träger der Unfallversicherung sind wie seither die gewerblichen und landwirtschaftlichen Berufsgenossenschaften, sowie die Ausführungsbehörden für gewisse staatliche und gemeindliche Betriebe. Ich hatte im Jahre 1906 angeregt, neben den Berufsgenossenschaften für das Kleingewerbe besondere Bezirks-Genossenschaften zu schaffen, da für Kleinbetriebe die berufsgenossenschaftliche Organisation sich weniger eignet. Der Abgeordnete v. Gamp hat einen derartigen Antrag im Reichstag gestellt, derselbe ist aber abgelehnt worden ganz wesentlich aus dem Grunde, weil man daraus eine zu große Belastung der Kleinbetriebe befürchtet. Damit ist ganz offiziell die Unrichtigkeit der früher so häufig aufgestellten Behauptung anerkannt, daß die Kleinbetriebe zugunsten der Großbetriebe belastet würden. Das Umgekehrte ist durch zahlenmäßige Feststellungen erwiesen. Nur das kleine Zugeständnis hat man gemacht, daß künftig mehrere Kleinbetriebe desselben Unternehmers, seien es landwirtschaftliche oder gewerbliche, auf Antrag des Unternehmers einer einzigen Berufsgenossenschaft vom Ober-Versicherungsamt zugeteilt werden können, auch wenn die Betriebe nicht im Verhältnis von Haupt- und Nebenbetrieb zueinander stehen, sofern in ihnen nicht mehr als im ganzen zehn Arbeiter beschäftigt sind und sie in dem Bezirk desselben Ober-Versicherungsamts liegen.

Die Verwaltung der Berufsgenossenschaften ist im wesentlichen unverändert geblieben. Sie wird geführt von einem Vorstand und der Genossenschaftsversammlung, die entweder aus allen Mitgliedern, geeignetenfalls unter Abstufung des Stimmrechts, oder aus Vertretern der Sektionen bestehen kann. Zum Vorstand ist nicht wählbar, wer zugleich Mitglied einer Aufsichtsbehörde ist. Diese Bestimmung wird von manchen Seiten so ausgelegt, daß demnach auch nichtständige Mitglieder des Reichs-Versicherungsamts aus dem Kreise der Arbeitgeber nicht mehr zum Vorstand wählbar seien. Das würde ich bedauern, ich halte aber auch eine solche Auslegung nicht für zwingend. Neu ist, daß, wenn die Satzung es bestimmt, auch Versicherte in den Vorstand gewählt werden können, eine Bestimmung, von der mangels eines Bedürfnisses die Berufsgenossenschaften wohl kaum Gebrauch machen werden. Zweckmäßig ist die Vorschrift, daß künftig auch Aufsichtsratsmitglieder, wenn sie wenigstens fünf Jahre lang Leiter von Betrieben waren, wählbar sind. Die Wahl des Vorstandes erfolgt auf vier Jahre, während seither auch eine Wahl auf zwei Jahre zugelassen war, und zwar soll sie nach den Grundsätzen der Verhältniswahl erfolgen. Diese Bestimmung, die aus der Kranken- und Invalidenversicherung, wo ganz andere Verhältnisse bestehen, entnommen ist, halte ich für eine sehr unglückliche, praktisch nicht durchführbare. Es ist zu berücksichtigen, daß der Vorstand einer Berufsgenossenschaft nicht, wie der Vorstand einer Krankenkasse oder Invalidenversicherungsanstalt, aus irgendwelchen Wahlberechtigten zusammengesetzt werden kann, sondern daß bei seiner Wahl Rücksicht zu nehmen ist auf die Zugehörigkeit zu den einzelnen Sektionen, zu bestimmten Gewerbezweigen und nach einer Vorschrift der Reichs-Versicherungsordnung auch auf die Zugehörigkeit zu bestimmten Betriebsgruppen nach der Größe. Wie soll man diese Gesichtspunkte vereinigen mit der Verhältniswahl? Es werden auch durch die neuen Bestimmungen geradezu Gegensätze in die Berufsgenossenschaften hineingetragen, die seither nicht bestanden; denn seither waren die Berufsgenossenschaften froh, wenn sie nur geeignete Männer fanden, und fragten nicht viel danach, ob sie von diesem oder jenem Kreis vorgeschlagen waren oder zu dieser oder jener Größenklasse von Betrieben gehörten. Neu ist auch, aber meines Erachtens nicht zu beanstanden, die Bestimmung, daß Frauen wählbar sind. Ferner ist neu eingeführt die Pflicht des Vorsitzenden, gesetz- oder satzungswidrige Beschlüsse des Vorstandes durch Beschwerde an die Aufsichtsbehörde zu beanstanden und sein Recht, gegen Vorstandsmitglieder, die ihre Pflichten versäumen, eine Geldstrafe bis zu 50 M., im Wiederholungsfalle bis zu 200 M., zu verhängen, ein Recht, von dem aber wohl ein Vorsitzender selten Gebrauch machen wird. Als ein neues Organ von eigentlich nur juristischer Bedeutung ist eingeführt eine Vertretung der Genossenschaft gegenüber dem Vorstand in der Gestalt eines Ausschusses, der von der Genossenschaftsversammlung zu wählen ist. Diese Bestimmung ist richtigerweise wohl dahin auszulegen, daß nicht eine ständige Kontrollinstanz über dem Vorstand bestehen soll; denn der Vorstand ist ja selbst die Vertretung der Genossenschaft und hat neben sich den Rechnungsprüfungsausschuß, sondern, daß, wenn der Vorstand für irgendeine Handlung haftbar gemacht werden soll, die Genossenschaftsversammlung einen solchen Ausschuß beruft.

Ein besonderes Kapitel beschäftigt sich mit den Dienst- und Rechtsverhältnissen der Angestellten der Berufsgenossenschaften. Währen das jetzige Gesetz nur bestimmt, daß eine Dienstordnung zu erlassen ist, die der Genehmigung des Reichs-Versicherungsamts bedarf, regelt die Reichs-Versicherungsordnung eine Reihe von rechtlichen Verhältnissen in 16 besonderen Paragraphen. Sie enthalten aber keine Bedingungen, die nicht bei gut verwalteten Berufsgenossenschaften schon seither bestanden hätten, ja sie gehen noch lange nicht so weit, indem z. B. die Vorschrift lebenslänglicher Anstellung nicht enthalten. Bedenklich ist nur die Bestimmung, daß bei Streitigkeiten aus dem Dienstverhältnis das Reichs-Versicherungsamt als Beschlußsenat entscheiden soll. Das ist eine Belastung der Zentralbehörde, die zu großen Weiterungen führen kann.

Zu begrüßen ist es, daß den Wünschen der Berufsgenossenschaften entsprechend die Einführung von Haftpflichtversicherungseinrichtungen nicht mehr an die Bedingung geknüpft ist, daß die aus Betriebsunfällen entstehende Haftpflicht nur bis zu ⅔ gedeckt werden darf, eine Beschränkung, die seither die Berufsgenossenschaften abgehalten hat, überhaupt solche Einrichtungen im Rahmen ihrer Organisation zu treffen. Sie haben, wie z. B. die Eisen- und Stahl-Berufsgenossenschaften, es vorgezogen, besondere Versicherungsvereine auf Gegenseitigkeit zu gründen, die der Aufsicht des Aufsichtsamts für Privatversicherung unterstehen.

Die Entschädigungsleistungen sind in mehrfacher Hinsicht ausgedehnt. Zunächst sind in Zukunft die Löhne bis zu 1800 Mk. (seither 1500 Mk.) voll anrechnungsfähig und nur darüber hinaus mit ⅓. Ferner sind Inländer künftig mit einem dem Werte ihrer Rente entsprechenden Kapital abzufinden. Derartige Abfindungen sind bei Renten bis zu 20 % (seither bis zu 15 %) zulässig bei beiderseitigem Einverständnis. Für die Abfindung eines Ausländers gilt das Dreifache der Jahresrente dann, wenn er einverstanden ist. Im anderen Falle kann er, wenn die Gesellschaft es will, mit einem entsprechenden Kapital abgefunden werden. Der Bundesrat bestimmt das Nähere, wobei auch der Umstand gewürdigt werden wird, daß die Unfallrenten erfahrungsgemäß bei längerer Gewöhnung an die Unfallfolge entsprechend der zunehmenden Arbeitsfähigkeit in der Regel nach einiger Zeit herabgesetzt werden können. Dem Antrag der Sozialdemokraten, auch alle Berufskrankheiten für entschädigungspflichtig zu erklären, hat der Reichtag zwar widerstanden, jedoch hat er dem Bundesrat die Ermächtigung gegeben, die Versicherung auf bestimmte gewerbliche Berufskrankheiten auszudehnen. Da fast alle Berufe mehr oder weniger mit ihren eigentümlichen Berufskrankheiten verbunden sind, die meistens aber auch im gewöhnlichen Leben vorkommen, und da ferner die Unfallversicherung nicht für die Entschädigung allgemeiner Invalidität geschaffen ist, diesem Zweck vielmehr die Invalidenversicherung dient, so ist zu hoffen, daß der Bundesrat von der ihm erteilten Ermächtigung einen recht vorsichtigen Gebrauch machen wird. Zu bemerken ist endlich noch, daß der Krankengeldzuschuß von der fünften Woche ab, den bei Unfällen seither der Unternehmer zahlen mußte, künftig in denjenigen Fällen die Berufsgenossenschaft tragen muß, in denen nach der dreizehnten Woche ihre Entschädigungpflicht eintritt. Durch die Satzung kann bestimmt werden, daß auch in den übrigen Fällen die Berufsgenossenschaft die Zahlung übernimmt.

Eigenartige Veränderungen sind bei dem Entschädigungsverfahren vorgenommen. Seither erteilte die Berufsgenossenschaft dem Entschädigungsberechtigten einen Vorbescheid, auf den dieser sich unmittelbar oder durch Vermittelung der unteren Verwaltungsbehörde innerhalb vierzehn Tagen äußern konnte. Dann wurde der endgültige Bescheid erteilt. Gegen diesen stand dem Berechtigten die Berufung an das Schiedsgericht und gegen dessen Entscheidung in Fällen, in denen es sich um dauernde Unfallfolgen oder Hinterbliebenenrente handelte, der Rekurs an das Reichs-Versicherungsamt offen. Ferner war bestimmt, daß nach zwei Jahren die Berufsgenossenschaft Aenderungen der Rente nur in Zeitabschnitten von wenigstens einem Jahr vornehmen und nach fünf Jahren eine Aenderung nur noch durch das Schiedsgericht erfolgen konnte. Der Regierungsentwurf wollte zuerst das ganze Vorbereitungsverfahren den Versicherungsämtern übertragen, später in der Reichstagsvorlage das Versicherungsamt zu einer neuen unteren Instanz machen und begründete beide Vorschläge mit der Notwendigkeit, das Reichs-Versicherungsamt als Rekursinstanz zu entlasten. Der Reichstag hat aber erkannt, daß hierin eine bedeutende Verumständlichung des Verfahrens liegen und daß die völlige Beseitigung des Rekurses die Einheitlichkeit der Rechtsprechung gefährden würde. In dem Bestreben nun, das Reichs-Versicherungsamt zu entlasten, dem Versicherten stärkere Rechtsgarantien zu geben und doch das Verfahren nicht zu verlangsamen, ist es zu folgender Lösung gekommen.

Man unterscheidet zwei zeitliche Abschnitte, die ersten zwei Jahre nach dem Unfall und die spätere Zeit. In den ersten zwei Jahren kann die Berufsgenossenschaft jederzeit eine neue Rente festsetzen, in der späteren Zeit nur in Abschnitten von wenigstens einem Jahr. Spätestens nach Ablauf der ersten zwei Jahre muß eine Dauerrente bewilligt werden, die aber eigentlich keine Dauerrente ist, da sie bei Veränderung der Verhältnisse ebenfalls geändert werden kann, nur darf dies nicht in kürzeren als einjährigen Abschnitten geschehen. Bei Festsetzung der Dauerrente ist die Berufsgenossenschaft an die früheren vorläufigen Festsetzungen nicht gebunden. Bei jeder Rentenfestsetzung ist dem Berechtigten ein Bescheid zu erteilen, der sofort in Kraft tritt. Bei Minderung oder Entziehung der Rente tritt der Bescheid mit Ablauf des auf die Zustellung folgenden Monats in Kraft. Der Vorbescheid fällt weg, und damit wird eine Beschleunigung erzielt.

Ist der Berechtigte nicht einverstanden, so steht ihm zunächst das Einspruchsverfahren zu. Der Einspruch ist nach Wahl der Berufsgenossenschaft bei dieser selbst oder bei dem Versicherungsamt des Wohnortes des Berechtigten zu erheben und begründet den Anspruch auf persönliches Gehör. Der Verletzte kann aber die Anhörung vor dem Versicherungsamt verlangen. Wird er vor der Berufsgenossenschaft gehört, so sind ihm die Auslagen der Reise und der entgangene Verdienst zu ersetzen. Von dem Versicherungsamt ist, wenn nicht schon ein Vertrauensarzt des Verletzten gehört wurde, auf Antrag des Verletzten das Gutachten eines noch nicht gehörten Arztes einzuholen, sofern dies nach Ansicht des Versicherungsamts von Bedeutung sein kann. Entrichtet der Verletzte im voraus die ungefähren Kosten, so ist der von ihm bezeichnete Arzt zu hören, die Kosten werden ihm eventuell später zurückerstattet. Das Versicherungsamt nimmt nun die Verhandlungen auf, kann sie mit einer eigenen gutachtlichen Aeußerung versehen und schickt sie an die Berufsgenossenschaft, die daraufhin, ohne an das Gutachten des Versicherungsamts gebunden zu sein, einen sogenannten Endbescheid erteilt. Richtet sich der Einspruch gegen eine „Dauerrente", so findet die Vernehmung des Verletzten stets vor dem Versicherungsamt statt; ferner sind in diesem Falle je ein Arbeitgeber- und Arbeitervertreter zuzuziehen und die Akten sind mit einem Gutachten zu begleiten, dessen wesentlichen Inhalt die Berufsgenossenschaft in den Bescheid aufzunehmen hat. Die Parteien können sich vor dem Versicherungsamt vertreten lassen, jedoch nicht durch einen geschäftsmäßigen Vertreter, wozu merkwürdiger Weise auch die Beamten der Berufsgenossenschaften gehören. Dadurch wird die Vertretung der Berufsgenossenschaften tatsächlich unmöglich gemacht, was meines Erachtens nur zu einer Verringerung der Bedeutung der Aemter selbst führen kann.

Gegen die Endbescheide der Berufsgenossenschaften findet die Berufung an das Ober-Versicherungsamt, gegen dessen Entscheidung der Rekurs an das Reichs-Versicherungsamt statt. Der Rekurs ist jedoch künftig beschränkt nicht nur auf Fälle mit dauernden Unfallfolgen, sondern auch auf die Bescheide, in denen erstmalig eine Dauerrente gewährt wird, mit anderen Worten: in jeder Unfallsache kann höchstens einmal ein Rekursverfahren eingeleitet werden.

Der Abschnitt über Unfallverhütung weist ebenfalls wichtige Neuerungen auf. Erstens ist bestimmt, daß die Berufsgenossenschaften künftig auch für fremdartige Nebenbetriebe Vorschriften zu erlassen haben. Das kann wohl auch dadurch geschehen, daß einfach die Unfallverhütungsvorschriften der zuständigen anderen Berufsgenossenschaften als maßgebend erklärt werden. Der Einfluß des Reichs-Versicherungsamts auf den Inhalt der Unfallverhütungsvorschriften ist dadurch verstärkt, daß der Erlaß „erforderlicher“ Vorschriften verlangt wird, woraus gefolgert werden kann, daß dem Reichs-Versicherungsamt ein maßgebender Einfluß auf den Inhalt zustehen soll. Hoffentlich wird das Reichs-Versicherungsamt von dieser Bestimmung keinen weitergehenden Gebrauch machen als von der seitherigen und wird in allen Fällen eine Verständigung mit den Berufsgenossenschaften herbeiführen. Die Unfallverhütungsvorschriften sind künftig, wenn in einem Betrieb wenigstens 25 Versicherte eine andere Muttersprache als die deutsche haben, auch in dieser Sprache bekannt zu machen. Unternehmer können wegen Verstößen gegen die Vorschriften mit einer Strafe bis zu 1000 M. (seither war außer der Strafe noch die Einschätzung in eine höhere Gefahrenklasse vorgesehen) belegt werden, Arbeiter dagegen wie seither nur mit einer Strafe bis zu 6 M. Um den Betriebsunternehmer in der Befolgung der Unfallverhütungsvorschriften zu entlasten — bei Großbetrieben wird ihm ja eine ganz unmögliche Aufgabe gestellt —, ist bestimmt, daß der Unternehmer künftig seine Pflichten in vollem Umfang auf den Betriebsleiter, ferner, soweit es sich nicht um Einrichtungen auf Grund der Unfallverhütungsvorschriften handelt, auch auf Aufsichtspersonen oder Angestellte seines Betriebes übertragen kann. Also soweit Anordnungen in Betracht kommen, gelten diese Personen dann als verantwortlich und setzen sich der Strafe bis zu 1000 M aus. Der Unternehmer ist aber auch neben dem Beamten noch verantwortlich, wenn die Zuwiderhandlung mit seinem Wissen geschah, oder wenn er bei der Auswahl des schuldigen Angestellten nicht die im Verkehr erforderliche Sorgfalt beobachtet hat. Zur Durchführung der Unfallverhütungsvorschriften waren die Berufsgenossenschaften bisher befugt, technische Aufsichtsbeamte anzustellen; künftig sind sie auf Verlangen des Reichs-Versicherungsamts verpflichtet, solche Beamten und zwar „in der erforderlichen Anzahl“ anzustellen. Endlich ist eine mit nicht unerheblichen Kosten verbundene Einrichtung die, daß alljährlich der Genossenschaftsvorstand eine Beratung mit Arbeitervertretern halten muß, um zu den Berichten der technischen Aufsichtsbeamten Stellung zu nehmen und Maßnahmen anzuregen, die zur Verbesserung der Unfallverhütungsvorschriften geboten erscheinen. Einen großen praktischen Nutzen wird man sich von dieser Einrichtung wohl nicht versprechen können, obgleich die Berufsgenossenschaften an sich sehr gern Anregungen aus dem Kreise der Arbeiter zur Verbesserung der Unfallverhütung annehmen.

Die Vorschriften über die Aufbringung der Mittel der Berufsgenossenschaften haben sich wenig geändert, sie sind nur in einigen Punkten ergänzt worden. So kann die Berufsgenossenschaft jetzt von Betrieben von nur vorübergehender Dauer und von solchen, die wiederholt mit der Zahlung ihrer Beiträge im Rückstand geblieben sind, die Leistung von Vorschüssen verlangen. Die zur Umlegung der Beiträge erforderlichen Lohnnachweisungen können, wenn die Satzung dies bestimmt, auch summarisch aufgestellt werden, was übrigens schon seither vom Reichs-Versicherungsamt zugelassen war. Die Postbetriebsvorschüsse werden in Zukunft nicht schon bei Beginn eines neuen Jahres, sondern erst dann festgesetzt, wenn die im Vorjahre geleisteten Entschädigungen feststehen. Bis dahin werden die alten Vorschüsse monatlich weitergezahlt, wodurch in besserer Weise Ueberzahlungen vermieden werden. Neu ist auch, daß die Berufsgenossenschaften mindestens ¼ ihres Vermögens in Anleihen des Reichs oder der Bundesstaaten anlegen müssen. Solange dieser Satz nicht erreicht ist, muß von dem jährliichen Vermögenszuwachs ⅓ in solchen Papieren angelegt werden. Diese Bestimmung ist nicht von großer praktischer Bedeutung, da die Berufsgenossenschaften bisher im Durchschnitt sogar etwa 75 Prozent ihres Vermögens in Reichs- und Staatspapieren angelegt haben. Vielleicht machen aber die Berufsgenossenschaften künftig von der Vorschrift Gebrauch, nach welcher das Vermögen auch in solchen, auf den Inhaber lautenden Pfandbriefen deutscher Hypotheken-Aktienbanken angelegt werden kann, welche die Reichsbank in Klasse I beleiht. Weitere Anlegungsmöglichkeiten sind solche für Unternehmungen, die den Versicherungspflichtigen zugute kommen und die den genossenschaftlichen Personalkredit der Mitglieder fördern sollen.

Die Bestimmungen über den Reservefonds (Rücklage) weisen gegenüber den geltenden Bestimmungen des Gesetzes von 1900 eine bessere Anpassung an die Verhältnisse der einzelnen Berufsgenossenschaften auf. Im großen ganzen enthalten sie aber keine

Erleichterungen; denn es sollen die Zuschläge so bemessen werden, daß bis zum Jahre 1921 der Kapitalbestand das Dreifache der Entschädigungssumme erreicht. Das Reichs-Versicherungsamt kann die Frist bis zu 10 Jahren verlängern und bestimmt das Nähere über die Höhe der Zuschläge. Nach Verlauf der Frist sind die Zinsen zur Vermeidung weiterer Beitragssteigerungen zu verwenden, der Rest ist so lange dem Fonds zuzuschlagen, bis er der Hälfte des Deckungskapitals für die jeweiligen Entschädigungsverpflichtungen gleichkommt. Die wichtigste Bestimmung, betreffend den Reservefonds, findet sich aber im Artikel 63 des Einführungsgesetzes, nach welchem der Bundesrat bereits im Jahre 1913 dem Reichstag die gesetzlichen Vorschriften über Rücklagen zur erneuten Beschlußfassung vorzulegen hat. Diese Bestimmung erklärt sich aus folgenden Vorgängen.

Der Verband der deutschen Berufsgenossenschaften hat von jeher die scharfen Bestimmungen des Gesetzes von 1900 über die Höhe der Reservefonds als übertrieben bekämpft. Die Sachverständigen des Reichsamts des Innern suchten durch eingehende versicherungsmathematische Ausführungen, denen die Reichstagskommission machtlos gegenüberstand, die Einwendungen zu widerlegen. Daraufhin hat ein Berufsgenossenschafts-Geschäftsführer, Herr Direktor Marcus in Berlin, seinerseits eine außerordentlich sachkundige Kritik der Ausführungen dieser Sachverständigen verfaßt, die, da sie bei der Reichstagskommission nicht die nötige Beachtung fand, von dem Verband der deutschen Berufsgenossenschaften einem unparteiischen, ersten Fachmann auf dem Gebiete der Versicherungsmathematik zur Begutachtung unterbreitet wurde. Dieser kam in seinem Gutachten zu dem Ergebnis, daß die Kritik des Herrn Marcus vollkommen zutreffend, die Ausführungen der Herren im Reichsamt des Innern aber unzutreffend seien. Das machte Eindruck, und der Reichstag beschloß infolgedessen in letzter Stunde die Revision der Bestimmungen im Jahre 1913, die hoffentlich zu einem für die Industrie günstigen Ergebnis führen wird.

Der dritte Zweig der Versicherung, die Invaliden- und Hinterbliebenen-Versicherung, wird im vierten Buch der Reichs-Versicherungsordnung behandelt. In diesem Abschnitt sind gegenüber dem Regierungsentwurf wohl die wenigsten Aenderungen vorgenommen worden.

Der Versicherungsumfang ist gegenüber dem bestehenden Recht dahin erweitert, daß Gehilfen und Lehrlinge in Apotheken, sowie Bühnen- und Orchestermitglieder versicherungspflichtig sind. Auf ihren Antrag werden von der Versicherung befreit

Personen, die während oder nach der Zeit eines Hochschulunterrichts zur Ausbildung für ihren künftigen Beruf oder in Stellungen beschäftigt werden, die den Uebergang zu einer der Hochschulbildung entsprechenden freien Beschäftigung bildet. Ein Wiederaufleben der Versicherung ist für Personen gestattet, die wieder eine versicherungspflichtige Beschäftigung aufnehmen oder durch freiwillige Beitragsleistung das Versicherungsverhältnis erneuern und danach eine Wartezeit von 200 Beitragswochen zurücklegen. Weiterhin ist eine freiwillige Zusatzversicherung eingeführt, die es allen Versicherten ermöglicht, zu jeder Zeit und in beliebiger Zahl Zusatzmarken einer beliebigen Versicherungsanstalt in die Quittungskarte einzukleben, um sich dadurch eine Erhöhung ihrer Rente zu sichern. Für jede Zusatzmarke von 1 M. Wert erhält der Versicherte als jährliche Zusatzrente sovielmal 2 Pf., als beim Eintritt der Invalidität Jahre seit Verwendung der Zusatzmarke vergangen sind. Diese Einrichtung ist namentlich auch für Handwerkerkreise berechnet.

Die Versicherungsleistungen sind erheblich ausgedehnt worden durch die Bestimmung, daß Versicherten mit Kindern unter 15 Jahren die Invalidenrente für jedes Kind um $^1/_{10}$ zu erhöhen ist, bis zum 1½fachen Betrag dieser Rente. Bezüglich der Altersrente ist es bei der Altersgrenze von 70 Jahren geblieben, obgleich noch in der dritten Lesung des Reichstags ganz gegen die Verabredung der bürgerlichen Parteien in der Kommission der Versuch gemacht wurde, die Grenze auf 65 Jahre herabzusetzen. Dagegen wurde in das Einführungsgesetz die Bestimmung aufgenommen, daß der Bundesrat im Jahre 1915 dem Reichstag die gesetzlichen Vorschriften über die Altersrente zur erneuten Beschlußfassung vorzulegen hat.

Für die Verwendung der Mittel der Invalidenversicherungsanstalten ist ein weiterer Spielraum dadurch gegeben, daß künftig mit Genehmigung der Aufsichtsbehörde auch Mittel aufgewendet werden können zur Verhütung des Eintritts vorzeitiger Invalidität unter den Versicherten, oder zur Hebung der gesundheitlichen Verhältnisse der versicherungspflichtigen Bevölkerung.

Die wichtigste Neuerung bei der Invalidenversicherung und bei der Sozialversicherung überhaupt ist die Einführung einer Hinterbliebenen-Versicherung, die im engsten Anschluß an die Invalidenversicherung geregelt ist, was ja auch der gegebene Weg war. Die Leistungen dieser Versicherung bestehen in Witwen-, (auch Witwer-) und Waisenrenten, Witwengeld und Waisenaussteuer. Die Leistungen treten ein, wenn der Verstorbene zur Zeit seines Todes die Wartezeit für die Invalidenversicherung erfüllt und die Antwartschaft aufrechterhalten hatte; Witwen- und Waisengeld nur, wenn außerdem die Witwe zur Zeit der Fälligkeit der Bezüge selbst die Wartezeit für die Invalidenrente erfüllt und die Antwartschaft aufrechterhalten hat. Witwenrente erhält nur die invalide Witwe, Waisenrente die ehelichen Kinder eines Versicherten bis zu 15 Jahren und nach dem Tode einer Versicherten ihre vaterlosen Kinder, auch wenn sie unehelich sind. Ist der Ehemann erwerbsunfähig und hat die versicherte Ehefrau den Unterhalt der Familie ganz oder überwiegend aus ihrem Arbeitsverdienst bestritten, so steht den ehelichen Kindern, falls die Mutter stirbt, Waisenrente, dem Manne Witwerrente zu. Auch elternlose Enkel erhalten unter gleichen Voraussetzungen Renten. Die Hinterbliebenenrenten dürfen zusammen nicht mehr betragen, als das 1½fache der einschlägigen Invalidenrente, die Waisenrenten zusammen nicht mehr als diese Rente. Als Witwengeld wird der 12fache Monatsbetrag der Witwenrente, als Waisenaussteuer der 8fache Monatsbetrag der bezogenen Waisenrente gewährt, sobald die Kinder das 15. Lebensjahr erreicht haben.

Die Witwen- und Waisenrenten setzen sich zusammen aus einem Reichszuschuß von 50 bzw. 25 M., ferner einem Grundbetrag und Steigerungssätzen, die aber geringer sind wie bei der Invalidenversicherung und $^{3}/_{10}$ bzw. $^{3}/_{20}$ dieser Sätze betragen.

Die Beiträge für die Hinterbliebenenversicherung werden einheitlich mit den Beiträgen für die Invalidenversicherung erhoben, so daß also auch weibliche und unverheiratete Versicherte die Beiträge mit zu bezahlen haben. Durch Hinzufügung der Hinterbliebenen-Fürsorge steigen die seitherigen Wochenbeiträge wir folgt: Bei Klasse I von 14 auf 16 Pf., Klasse II von 20 auf 24 Pf., Klasse III von 24 auf 30 Pf., Klasse IV von 30 auf 38 Pf., Klasse V von 36 auf 46 Pf.

Schon durch das Invalidenversicherungsgesetz von 1899 ist in der Verteilung der Lasten der einzelnen Versicherungs-Anstalten eine gründliche Aenderung eingeführt worden. Die Vermögenslage der einzelnen Anstalten erwies sich als so verschieden infolge der verschiedenen Leistungsfähigkeit der Bezirke, der verschiedenen Ab- und Zuwanderung von Versicherten, daß eine Notlage einzelner Anstalten entstand, während andere im Ueberfluß schwammen. Diese Unterschiede wurden immer größer, und deshalb wurde im Jahre 1899 ein gewisser Vermögensausgleich eingeführt durch die Bestimmung, daß aus den künftigen Beiträgen ein Gemein- und für jede Versicherungsanstalt ein Sondervermögen gebildet wurde. Dem Gemeinvermögen wurden ¾ der Altersrenten, die Grundbeträge der Invalidenrenten, die Rentensteigerungen infolge Krankheitswochen und die Rentenabrundungen, dem Sondervermögen die übrigen Verpflichtungen zur Last gelegt. In das Gemeinvermögen flossen $^4/_{10}$ aller Beiträge. Alle zehn Jahre sollte eine Revision dieses Anteilsverhältnisses stattfinden. Nunmehr hat die Reichs-Versicherungsordnung vom 1. Januar 1912 ab unter Berücksichtigung der Hinterbliebenen-Versicherung eine Neuregelung dahin getroffen, daß die Versicherungsanstalten dem Gemeinvermögen 50 % der Beiträge zuzuführen haben und dafür der Gemeinlast folgende Zahlungen zufallen: die Grundbeträge der Invalidenrenten, die Anteile der Versicherungsanstalten an den Altersrenten, Witwen-, Witwer- und Waisenrenten, Witwengeld und Waisenaussteuer, die Steigerung der Renten infolge von Militärdienst und Krankheitswochen und die Rentenaufrundungen.

Damit glaube ich die wesentlichsten Neuerungen der Reichs-Versicherungsordnung kurz dargelegt zu haben. Aufgabe aller Beteiligten wird es sein, sich mit den neuen Bestimmungen vertraut zu machen und, so gut es geht, sich mit ihnen abzufinden. Ich möchte noch den Wunsch hinzufügen, dessen Erfüllung mit der Neuregelung der Arbeiterversicherung trotz ihrer Mängel aussöhnen könnte, daß nun endlich auf lange Zeit hinaus Ruhe eintrete, damit die Bevölkerung sich in die Gesetzgebung einzuleben vermag. Sache der Versicherungsträger und Versicherungsbehörden aber wird es sein, durch ein verständiges Handinhandarbeiten das viele Gute, was in der Reichs-Versicherungsordnung enthalten ist, zur rechten Geltung zu bringen, das Unzweckmäßige dieses Gesetzes aber möglichst wenig fühlbar zu machen; denn auf die Handhabung gerade dieses Gesetzes kommt außerordentlich viel an.

Druck: Deutscher Verlag (G. m. b. H.),
Berlin SW 48, Wilhelmstr. 8. 15451

FSC
www.fsc.org
MIX
Papier | Fördert
gute Waldnutzung
FSC® C083411

Kolibri 360 GmbH
Ferdinand-Jühlke-Straße 7
99095 Erfurt, Deutschland
produktsicherheit@kolibri360.de